[美] 安德鲁 · 杰斐逊（Andrew McK. Jefferson）| 罗伊 · 波洛克（Roy V. H. Pollock）| 卡尔霍恩 · 威克（Calhoun W. Wick） 著
周 涛 田川农 译 | 张善勇 审校

将培训转化为商业结果·转化篇

（管理者版）
（修订本）

学习发展项目的6Ds®指导手册

Getting Your Money's Worth from Training and Development

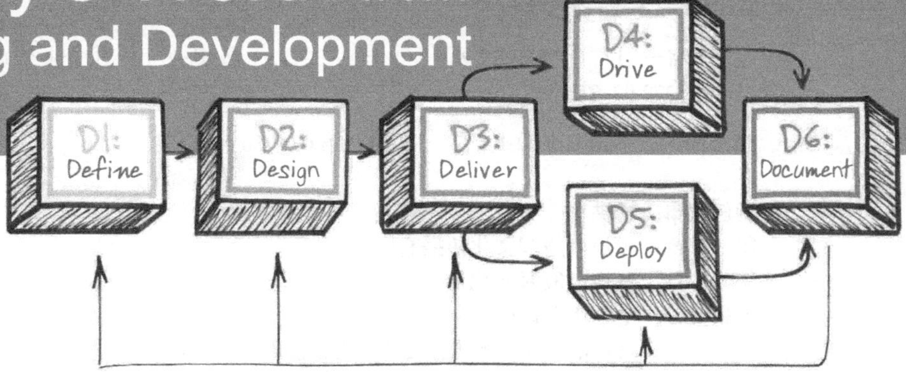

A Guide to Breakthrough Learning for MANAGERS and PARTICIPANTS

電子工業出版社
Publishing House of Electronics Industry
北京 · BEIJING

图书在版编目（CIP）数据

将培训转化为商业结果. 转化篇：学习发展项目的 6Ds 指导手册：管理者版：学习者版 /（美）安德鲁·杰斐逊（Andrew McK. Jefferson），（美）罗伊·波洛克（Roy V. H. Pollock），（美）卡尔霍恩·威克（Calhoun W. Wick）著；周涛，田川农译. —修订本. —北京：电子工业出版社，2024.3

书名原文：Getting Your Money's Worth from Training and Development: A Guide to Breakthrough Learning for Managers and Participants

ISBN 978-7-121-47248-0

Ⅰ. ①将… Ⅱ. ①安… ②罗… ③卡… ④周… ⑤田… Ⅲ. ①企业管理－职工培训－手册 Ⅳ. ①F272.92-62

中国国家版本馆 CIP 数据核字（2024）第 034960 号

责任编辑：杨洪军
印　　刷：涿州市般润文化传播有限公司
装　　订：涿州市般润文化传播有限公司
出版发行：电子工业出版社
　　　　　北京市海淀区万寿路 173 信箱　邮编 100036
开　　本：720×1000　1/16　印张：10.75　字数：172 千字
版　　次：2017 年 6 月第 1 版
　　　　　2024 年 3 月第 2 版
印　　次：2024 年 10 月第 3 次印刷
定　　价：49.00 元

凡所购买电子工业出版社图书有缺损问题，请向购买书店调换。若书店售缺，请与本社发行部联系，联系及邮购电话：（010）88254888，88258888。

质量投诉请发邮件至 zlts@phei.com.cn，盗版侵权举报请发邮件至 dbqq@phei.com.cn。

本书咨询联系方式：（010）88254199，sjb@phei.com.cn。

学习项目与版权课程研究院

专家委员会

推荐序

可见的学习转化
——多元视角下的学习与发展

当前已经进入一个以知识、信息为基础的智能时代，学习成为企业新的竞争优势，培训也受到企业越来越多的重视，但是培训到底有没有效果，能不能转化为组织绩效，确实是企业面临的关键问题。在《将培训转化为商业结果》一书中谈到，培训的转化率仅为16%，也就是说，培训的质量合格率为16%，大量的培训成为学习废品，造成了资源的浪费。解决培训有效性问题需要一个整体思维，“将培训转化为商业结果”系列图书就提供了这样一个方法论，从多元视角来看组织的学习与发展，从而提升培训的有效性。

培训的核心价值是帮助个人与组织进行行为改变，所以培训有效性的衡量标准就是员工的行为是否得到改变。行为改变是一个艰难的过程，也受到多个因素的影响。无论是从之前的学习与发展的项目和课程来看，还是从培训管理者和学习者的视角出发，最关键的是学员的上司——管理者却没有引起足够的重视。管理者决定了培训效果，这是罗伊·波洛克（本书作者之一）非常重视和强调的。我参加了多次由罗伊·波洛克主讲的工作坊，每一次都深深感受到他对管理者的重视。

本书是作者专门给管理者和学习者写的指导手册。一开始很难理解为什么要这样编排，后来才理解其中的原因。管理者必须知道学习者学习的情况，才能推动学习转化，从而进行提醒和反馈。学习者知道管理者关注什么，才能有效地学习和转化，从而产出结果。

在准备阶段，管理者与学习者都需要清楚培训的目的和要产生的结果，在第一法则界定业务结果中最重要的工具就是结果规划轮。结果规划轮包括四个问题：培训要满足什么业务需求？学员需要做什么行为改变？后期如何衡量学员的改变？培训的成功标准是什么？为了回答这四个问题，管理者需要填写四张表单（表 1.1~表 1.4），而学习者需要填写五张表单（表 2.1~表 2.5）。

在学习阶段，主要是学习者的工作，他们需要填写六张表单（表 2.6~表 2.11），全心投入，不断挑战自我，制定学以致用的目标和做好与管理者的面谈。管理者需要给学习者创造一个不受打扰的学习环境，保证他们集中精力学习。

学习转化阶段是我们之前比较薄弱的阶段，但也是最关键的阶段，因为转化决定了学习结果。这一阶段，管理者需要填写四张表单（表 1.5~表 1.8），其重点是辅导反馈、目标评估与跟进。学习者也需要填写四张表单（表 2.12~表 2.15），其重点是用学习进展图推动结果产出。

最后由管理者做整体评价总结（见表 1.9），总结学习与发展项目的整体效果，表扬有显著进步的学员，对没能进步的学员提出要求和期望。

所以，整个项目是一个闭环，在三个月的时间内，管理者与学习者共同完成学习转化，实现将培训转化为业务结果。

学习转化的路线图简单而清晰，而且不会给正常的工作带来太多的负担。管理者在三个月中仅仅花费三小时，平均每周一刻钟。到底如何去做？管理者填好九张表单、学习者填好十五张表单就好了，所以转化的过程是可见的，也是可实施的。

不过，在实际学习转化过程中还会出现非常多的问题。因此，我们专门培养了学习转化教练为管理者和学习者提供支持，在未来还要建立在线学习转化系统，在整个过程中通过平台进行提醒和反馈，提高管理者和学习者的转化效率。各种表单可以根据项目进行调整和下载，通过学习社区与同伴进行分享交流。高层领导、培训管理者和讲师提供支持，人力资源部门最后进行汇总，将优秀人才纳入后备计划，从而形成动态评价体系。

变革从看到到做到，可视化的学习转化是关键的一步，而从多元视角来看，学习与发展是起点。管理者和学习者是基础，培训管理者、教练、讲师是支撑，高层领导和人力资源部门的关注是激励。只有多个角色协同配合，更多从管理者的视角来看学习与发展，就可以将培训有效转化为业务结果，这就是我们培训的核心价值。

张善勇

学习项目与版权课程研究院院长

致中国读者

近年来，中国经济飞速发展，一跃成为世界经济体量最大、经济增长速度最快的国家之一。但中国企业所面临的领导力竞争的巨大压力也与日俱增。中国企业与本土企业抗衡的同时，还要接受来自海外企业的挑战。

要在激烈的竞争中保持不败之地，并在竞争中求进步、求发展，中国企业必须不断提高管理经营、产品质量、生产力水平等各个方面的能力。而对雇员的能力开发，则是企业适应日新月异的知识及技术发展的必备条件。

我们非常欣喜地看到，《将培训转化为商业结果·转化篇》一书正帮助中国企业从员工学习与发展项目中受益。如果企业和员工对培训利用得当，能够从培训中获取价值，那么在业内就占据了竞争优势（见图 0-1）。

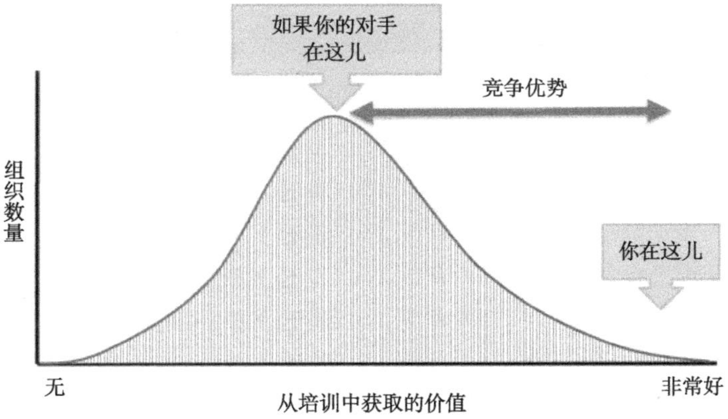

图 0-1　能够从培训中获取价值的企业和个人占据了竞争优势

同时，参与培训的员工与管理者在培训前期、中期和后期的关系会对培训效果产生巨大影响。如果管理者主动帮助员工，将培训所学的知识运用到实际工作中，那么与未受到帮助的员工相比，接受过管理者指导的员工绩效水平会得到更大幅度的提升。

本书就是为了帮助企业和个人将学习与发展的价值最大化而创作出版的。本书在设计上的独特之处是，从管理者和员工的不同角度出发，为管理者和参与培训的员工提出实用性的建议。我们认为，只有管理者、员工和培训团队通力协作，才能取得最有效的培训效果。

希望本书能够为中国员工及企业的发展成长和繁荣壮大贡献一份力量。

安德鲁・杰斐逊

罗伊・波洛克

卡尔霍恩・威克

作者简介

安德鲁·杰斐逊 Fort Hill公司总裁兼CEO，致力于帮助企业在学习与发展项目的投资上获得更大回报。他有着丰富的管理经验，理解公司运营的挑战，因此也明白每笔投资的回报都价值连城。在加入Fort Hill公司之前，他曾经是Vital Home Services的CEO、AmeriStar Technologies的COO和顾问。在职业生涯的早期，他是一位专注于复杂交易领域的律师。

他毕业于特拉华大学并拥有怀德纳大学法学院荣誉学位。目前他在怀德纳大学法学院担任监察委员。

罗伊·波洛克博士 Fort Hill公司首席学习官，著名的演讲家。热爱学习与分享，对所有通过学习帮助个人和团队成长的工作充满热情。他对商业和学习都有着很高的敏感度。在加入Fort Hill公司之前，他曾是史克必成(SmithKline Beecham)动物健康公司的全球战略产品开发副总裁，也曾在辉瑞公司的宠物健康部门担任副总裁。

长久以来，罗伊对于教育和领导力开发有着浓厚的兴趣，目前是凯洛格国家领导力项目基金的成员。毕业于威廉姆斯大学，获得兽医博士学位，并在康奈尔大学获得博士学位。他也曾在康奈尔大学担任八年教职人员，其中四年是助理院长。还曾获得过许多奖项，包括美国动物医疗协会的Ralston-Purina奖。

卡尔霍恩·威克 Fort Hill 公司创始人、主席。他是全美在领导力和组织绩效改进方面的著名专家。2006 年，他获得 Association of Learning Providers 授予的“年度思想领袖”称号；2007 年，他获得 Work-Learning 研究院授予的 Neon Elephant 奖（此奖项表彰那些在工作绩效和学习领域有重大贡献、突破创新，同时拥有职业道德的人）。

卡尔霍恩在麻省理工学院斯隆商学院获得硕士学位。对他来说，他唯一的目标是改变培训行业。

管理者检查表

Checklist

以下是你为了让学习与发展项目物超所值所要采取的行动列表。请根据你的具体情况完成下列表格。

	完成	日期	关键行动
赢在准备	□	_____	填写表 1.2
	□	_____	阅览课程大纲、内容概要和项目目标
	□	_____	完成需要你参与的项目前准备任务
	□	_____	和你的下属聊一下
	□	_____	讨论本学习项目能够帮助他成长的地方
	□	_____	共同回顾表 1.2 和学习目标
	□	_____	询问下属有关项目前准备任务的完成情况，并强调其重要性
	□	_____	设定项目跟进和绩效改进的合理期望
	□	_____	培训后立即预约跟进面谈的时间
全情投入	□	_____	在培训期间，尽量少打断下属的学习，最大化学习效果
	□	_____	向下属传递鼓励的话语
	□	_____	培训结束后尽快和下属聊一下
	□	_____	问问有关学习要点、心得、价值及行动计划
	□	_____	回顾、修订并确认学习转化与应用目标
	□	_____	建议适合下属的导师或布置相关的任务
	□	_____	多提供下属实践新知识、新技能的机会
	□	_____	提供辅导和反馈
推动产出	□	_____	建立进度汇报时间表
	□	_____	1．日期_____________________________
	□	_____	2．日期_____________________________
	□	_____	3．日期_____________________________
	□	_____	4．日期_____________________________
	□	_____	5．日期_____________________________
	□	_____	设定最终总结的时间表：_________________________
	□	_____	在跟进阶段的末尾，再见一次你的下属
	□	_____	回顾并肯定他们的成就
	□	_____	讨论未来的发展需求及计划
	□	_____	通过书面测评，结束整个过程

如何使用本书

本书是一本告诉你有关“怎么做”的指导手册，它提供了精练、实操性强、经过验证的工具，并告诉你如何从学习与发展项目中获得更多的价值。本书篇幅很短，因为要从学习与发展项目中获得可观的回报并不是那么困难的事——只要你做了该做的事。就和生活中经历的其他事情一样，有投入才会有回报。

为了让培训的投入更有回报，你需要花点时间（并不是很多）。为了节省你的宝贵时间，我们把步骤设计得更有效率。整个过程大约会在为期三个月内、总共花费你三小时的时间，也就是每周一刻钟的时间。当然，你花费的时间将会成倍地赚回来，变成你的团队成员的生产力、更高的工作效率和效能。

为了节省你的宝贵时间，我们把“必须知道的”和“最好知道的”内容进行了区分。我们已经把那些能够帮助你从培训中获得价值而必须做的事情列为表单。如果你本身就是一个目标导向的人，是那种喜欢“立即行动”的人，或者你现在时间紧张，那么请阅读一下“表单”栏目并完成 动手做 部分（在附录中有填写样例）。

记得使用我们在本书前面提供的“管理者检查表”，完成每项任务的时候可以打钩。同时，我们在附录提供了样例。

如果你天生是分析型的，且对我们推荐内容背后的原理和数据有着抑制不住的好奇心，或者对自助式图书中的建议持怀疑态度，那么你可以读一下 他们说 部分。带你做 部分提供了一些特别建议和详细指导。问与答 部分回答了一些常见问题。

本书的另一部分是给学习者的建议：列出了作为学习者在学习项目的前、中、后各个阶段该做的事，能够提升培训的效果和改善自己的工作绩效。

我们建议你也快速浏览一下另一部分的内容，尤其是检查表、表单及给你的团队成员的学习建议。因为当你自己要作为学习者参加一些项目时，这些对你也会很有价值。

管理者手册简介

专业知识与技能已成为新的商业成功驱动力。

在工业时代，对固定资产的投资，如工厂、楼房和设备，是企业竞争力的主要来源。在今天，最重要的竞争力则是人力资本，包括技能、专业知识、创造力和员工绩效等。在过去的 25 年中，企业盈利能力的成长与发展大部分来自人力资本的巨大生产力（Echols，2008）。事实上，传统资本现如今在普通的公司中只占到 20%左右的账面价值，而对于高科技、服务行业来说，就更少了。

要在如今快速演进的商业环境中保持竞争力和盈利能力，就需要投资，让企业员工的知识、技能和绩效不断升级。学习与发展因此变得至关重要，但仅仅是培训的话往往不能真的改进绩效。

我们就从这里开始。

培训不会“奇迹般”地产出成果。事实上，管理者恰恰在这个过程中扮演了确保培训投资收益的重要角色。

你拿到这本书，可能是因为你的团队成员即将参加一个学习与发展项目。可能是你推荐他们去的，也可能是他们报名或公司要求和指定的。你可能对他们参加培训非常关心，抑或对培训的价值很怀疑，甚至在想“又来浪费我的时间啦”。

没关系，这些都不要紧，因为最重要的是，怎么将现有的水平发挥到最好。

他们说 管理者决定了培训项目的成败

对辉瑞公司的研究表明，管理者对学习与发展的成效影响非常大。

在一次领导力发展项目结束几个月后，开展了一项 360 度测评项目，对比项目前的数据，再次检视成果。培训项目效果显著——当然，前提是学员的上司积极参与了整个过程。

经过统计分析，当学员的上司积极参与和投入课后阶段的跟进项目中时，学员有相当可观的进步。与之相反，在同样的项目中，当管理者不积极参与和投入时，学员几乎不会取得绩效表现上的提升，或提升幅度很小，与前一类学员完全不能相提并论（Stewart，2007）。

相同类型的学员、相同的项目、相同的内容，结果却如此天差地别，这取决于管理者是否参与和投入这个过程中。一言以蔽之，管理者很重要！

在美国运通公司的一项研究同样强调了管理者在学习与发展项目中的重要性（American Express，2007）。培训结束后三个月，学员被根据能力提升的表现分成不同的小组。那些培训后取得明显进步的学员，比其他学员更有可能与管理者做过有关如何学以致用的面谈——这个差距有四倍之多。不仅如此，在这个进步明显的小组里，来自管理者各种形式的支持都会比其他小组更多。

研究者当时总结道：

“培训到底有没有效果，其实可以通过他们在培训后回到的工作环境来预测。更具体地说就是，通过他们的直接管理者看出端倪。”

无论怎样，这个投资的钱已经花了，这个投资的回报都由你这个管理者来决定。你，就是你，做了或者没做什么，都会对培训能创造价值还是浪费时间这样天差地别的结果产生巨大的影响。使用这本工具书提供的步骤，你才可能确保你自己、你的员工和公司获得回报。

现实是残酷的：管理者不参与往往是培训没能有效产出成果的最常见原因。

这确实就是事实，哪怕在一些管理得很不错的公司里，也总会遇到培训目标偏离、设计不佳或者授课时出问题的项目。但这些并非培训无效的主要挑战。“一个直接管理者有成就或者毁掉某培训项目的能力。”

> 如果培训项目没价值，恐怕你需要承担主要责任。

他们说 **管理者往往是培训失败的主要原因**

企业学习与发展专业人员曾统计过，大约平均只有16%的学员在课后真正将所学内容转化为绩效表现。被大家提及最多的原因就是，主管不鼓励、不提供学员学以致用的机会。

摩托罗拉公司的研究表明，在那些实行了质量改进培训的工厂里，凡是管理者在课后强化学员学以致用的，都获得了1：33的投资回报。相反，其他一些学员虽然参加了相同的培训，但没有得到管理者的强化，最后的投资回报是负数。

另外，上文提到的辉瑞、美国运通都有类似的研究表明，在缺乏“管理者在培训后的强化”的情况下，即使好的课程、优秀的学员，也一样会失败。施乐公司的一项研究表明，培训项目结束后，当管理者没有辅导、跟进强化时，学员在应用技能的情况下，最后也只能记住13%的技能。

因此，你的积极参与对培训项目的成果有着很大影响；而你不参与或者忽略这些事的话，那么连那些非常好的培训也有可能失败。

换句话说，“你”就是关键所在：公司能否在培训项目中赚回成本甚至有更多回报，就看你了。作为管理者，基调是由你定的，你会影响最后的成果，哪些事要做、哪些事不做，哪些是有回报的、哪些是浪费时间的，由你来影响。

这是你推卸不了的事，而且就是你的事：如果因为不积极参与到学习与发展项目中帮助和辅导你的团队成员，而导致培训项目没有达到既定的效果，你就不要责怪培训部门、人力资源部门或者你的下属。

对我有什么好处

你会问：当我自顾不暇的时候，为什么要投入我自己的时间去跟进我的团队成员的培训？做这些事情，对我有什么好处？

当你的团队成员绩效提升的时候，你就获得收益了。你是管理者，如果你想要在职业生涯中继续前行、不断取得新的成就，你就需要一个有竞争力的强大团队。团队越好，你就越优秀。

当大家都知道你善于培养和发展人才时，最优秀的人就想到你这里来工作。而当你的下属已经可以胜任你的位置时，你向上的通道已被打开，条件也已具备。

不仅如此，你肯定也希望能够很好地利用公司资源及员工的时间，希望从每个机会中获得最大价值的回报。在组织中，资源都是会倾斜的：当老板觉得你的资源利用率和回报率都很高时，你也会获得越来越多的资源。

因此，学习与发展事关重大：它关系到你自己、公司及你下属的利益。所以，你需要确保学习与发展是有所回报的，而不是浪费资源。

问与答 这难道不是培训部门的责任吗

让培训物有所值乃至有所回报，这些难道不是培训部门的责任吗？我为什么要掺和其中？

当培训没有见效的时候，尤其是在运作投入资金过多的培训项目时，总会需要有人面对千夫指，被问责“为什么会这样”。

这就好像一艘沉船上的两个人争论“是谁那一头漏水”一样没有意义，因为不论哪头漏水，船总会沉；当然，也会有另一方从中获利——不过恐怕不是这两个人，而是在边上伺机已久的鲨鱼（就像竞争对手），等着“渔翁得利”。

想要让培训有效果，就需要通力合作。培训无法脱离管理支持而单独有效，因为培训部门不能控制工作任务、优先级及工作回报激励（你当然也不会希望这些由他们来控制吧）；同时你又需要他们来发挥专长：设计和执行培训项目。所以，你们必须合作。

培训项目成功时，就是一个多赢局面；当然，如果没有成功，显然是一个皆输的局面，而且每个人都有责任。

当然，最让人开心的事莫过于帮助下属成长，让他们发挥出最大的潜力。对一个管理者来说，这是一种非常棒的体验。没什么比看到自己辅导过的人不断在其职业生涯中取得成功更让人开心了。我们认为，这是一个真正领导者的荣誉勋章。这不仅是一件“该做的事”，更是有巨大回报的事。尝试一下，相信你会喜欢。

每个人都可以进步

无论你的下属多优秀，他总可以变得更优秀。世界上在各个领域（无论是在商业、运动、工程还是艺术）中绩效表现优异的人从未停止他们追求卓越的步伐。谁都不该停止，因为这是一个充满竞争的世界，宁在一思进，莫在一思停。

现在想一想你的团队中绩效表现最好的团队成员（如果他会参加培训的话），我们用表 1.1 列出改进绩效的机会，想一想怎样可以让他“更快、更好、更有效”。

表 1.1 改进的机会

动手做

说明：列出三件你可以做得更快、更好、更有效的事情，它们会让你对你的组织比现在更有价值：

1. ______________________________

____

____

____

____

2. ______________________________

____

____

____

____

3. ______________________________

____

____

____

____

目录

让学习物有所值的三把钥匙（管理者版）

要从学习与发展的机会中得到回报，你要做到：

1．赢在准备

2．全情投入

3．推动产出

1. 赢在准备

赢在准备意味着在培训开始之前你就必须参与其中。你也许感到惊讶，原来管理者在培训之前的那些行动对培训的效果有那么大的意义和影响。事实就是这样，所以为了得到更好的结果，管理者最好这样做：

- 完成你的“作业”
- 见一见你的下属
- 阐明你的期望
- 未雨绸缪
- 为后续的行动责任及跟进做好计划

完成你的“作业”

为了抓住培训这样难得的好机会，你需要在项目开始之前做一点功课。

首先，你要搞清楚状况。如果你想让培训的钱花得值得，你要先搞清楚培训项目本身——项目的内容和目的、学员和组织的收益等。

学习与发展部门的同事应该在培训开始前就将这些发给你。如果你还没得到这些信息，不妨直接问——既然管理者对培训项目的收益、员工的成长负责，那就该有知情权。

如果下属要求参加的培训项目是外部课程，那么他有责任向你提供参加培训的合理原因，当然，还有课程目标、内容简介及时间安排。如果他没有告诉你，你要马上去问他一下。

浏览一下课程简介、材料并找到你在表 1.1 中所填写的基于绩效改进机会的最有价值的培训内容、练习等，然后填写表 1.2。

问与答 要是我觉得培训不会有什么效果，怎么办

总有那么几次，你会觉得培训“一定不会有用的”，会觉得这是浪费钱，怎么办？具体的解决办法，根据你发生这类感觉的原因不同、培训需求提出者的不同而有所不同。

如果下属自发提出培训需求，那么你最好告诉他你担心的是什么。也可能你的下属已经在这方面具备了相关技能，运用得很熟练，以至于再花时间学这个不会有很可观的回报；也可能你自己或者你的其他下属曾经参加过这个项目，结果是这个培训不怎么样。如果你选择了要把他拉回来的话，请你准备另一种可能性给他——不参加这个培训，而去参加其他培训，或者执行其他任务。这样他们就不会觉得你在阻碍他们成长。

如果培训是由管理层、HR 或法务部门要求的，情况就不太一样了。如果所有的反馈都指向不好的结果，如该培训项目缺乏实质内容、与工作无关等，你就应该去和培训部门和管理层商讨一下这个问题。时间是极其宝贵的资源，没有哪一家公司能够承担得起对时间的浪费。作为管理者，你有义务帮助你的下属抵御那些匹配得不好、设计得不好、课上得不好的培训项目，为他们代言和辩护。你要准备好具体的例子来支持你的观点，准备一些建设性的建议或替代方案。

同时，你也可以建议下属即使参加了这样的培训项目，也要抓住难得的机会，物尽其用。他们可以实践一些技能，也可以认识并与其他部门的同事建立联系等。注意，不要因为你的担心和不满而让事情朝着最坏的方向发展，应验你自己的预言。

表 1.2 “对我有什么好处”

下属姓名：____________________

项目名称：____________________

项目日期：____________________

填写指南（管理者版）

1. 在第 1 列写下 2～5 条对你部门而言重要的交付物（见附录样例）。你的团队为何存在？它如何创造商业价值？这一步是关键，学习与发展必须最终支持组织目标的实现。

2. 在第 2 列写下这位下属所负责工作的具体结果。最好将这些与他的年度绩效目标挂钩。

3. 第 3 列参看表 1.1，然后列出哪些可以改进他的工作（无论是改进现有的工作，还是让他为进入职业生涯的下一阶段做好准备）。在这个专业领域中，那些表现最好的人和强者中的强者比你的下属更优秀的地方是什么？把这些提升和发展的机会写下来。

4. 看一下课程介绍和目标，课程与他的工作有什么相关性？课程的收益是什么？如果你还不知道，就快去找到这些信息。

5. 把第 3 列和第 4 列中的内容结合起来，填进第 5 列。想通过培训达到让他工作得更好的目的，你具体想要提升的是他或者团队的哪些绩效表现？

6. 和他面谈，并且当场回顾你填的表 1.2。下属同样会完成他自己的那份（见学习者版表 2.2），拿出来做对比，看看记录和感受有什么不同之处。

7. 对即将到来的培训项目中的优先学习目标达成一致。

	我们部门最重要的交付物（成果）	我个人负责的最重要的工作成果	若要达成更好的结果，要学习或改进哪些知识和技能	学习与发展项目中涵盖的目标收益	我想从这个项目中获得的是……
你的意见					

在学习者版指导手册里，我们鼓励你的下属完成一份类似的“对我有什么好处”表单，并约定一次与你的面谈。对你来说，和他们对一下这两张表单是一个很好的机会，可以让你们回顾职责、交付物、发展需求及改进点的优先级，并保持一致。这样的面谈和对比为你提供了持续为下属进行有价值辅导的优良平台。关于这样的面谈，我们在第 7 页的“带你做”中准备了一些推荐的结构框架和工具方法。

课前讨论与沟通是让培训物有所值的几项重要任务之一。

如果你的下属没有约好和你面谈的时间，现在就定吧！

坚持让你的下属在工作中学以致用，是让培训落地的至关重要的因素。要确实做到如此，你必须首先以身作则，好好完成课前准备工作，并给予必要的支持。

如果你需要参加一次培训前的课前调研，或者 360 度调研，请按时认真完成。同样，与下属的面谈也必须进行，不论你多忙，都要安排好时间与他们沟通学习与发展的需求和改进点，否则你会被视为“不愿意为了他们的发展而投入自己的时间”的管理者，这样他们就会觉得“我们不够重要”。研究表明，觉得自己被管理者忽视的员工比那些感受到公司支持自己学习成长的员工的流失率要多出 5 倍。

> 员工离职的原因大多是他们的管理者，而不是他们的公司。

当然，人人都知道你很忙，你有很多“最后期限”就要到了的任务，手头有很多事情要处理，但那不足以成为借口。发展他人是你作为管理者最重要的任务之一，这对你的个人成功也有很大的影响。

所以，挤出一点儿时间来吧。认真、坦诚地对待课前准备工作，不需要在此时“有所保留”，也千万不要为了省力而“总是选那些中立的选项”。如果你可以明显感觉到你的下属正在某些方面走下坡路，这正是一个指出的好机会。同样，这也是你认可他们做得特别好的部分的机会。

他们说 课前讨论十分重要

大量的证据表明，管理者在下属参与课程前与其会面往往可以带来更好的培训结果。研究人员发现，那些课前课后与管理者讨论过这些问题的学员比其他学员在培训中收获得更多。

专业的培训师明白，在设定培训期望时，管理者的角色是多么的重要。研究人员曾要求培训师为那些影响学习转化的因素（不同情境下的）排序。培训师把“课前面谈”排在了学员和管理者自身的角色之前，足见其重要性。

通过这样的面谈，你可以让下属明白你对培训效果的重视，并且帮助他们聚焦在培训中最有价值的一些点上。

见一见你的下属

与下属的面谈最好是面对面的场景，即使使用电话沟通也比不谈要好。培训前的面谈时间不会很久，15~20 分钟就足够了，但底线是至少要做一次这样的沟通。

令人惊讶的是，管理者就是有这样的神奇魔力，在培训前对学习结果造成巨大的影响。这是因为这样的面谈会让学员准备好，有目的、有意识地学习，帮助他们聚焦核心，也让他们明白管理者的期望和对投资价值的关注，并最终为所有的跟进追踪确定下时间线，为培训效果的成功打下所需要的基础。

带你做　课前面谈计划

计划（预计讨论 15～20 分钟）：

1. 回顾下属需要发展的三个方面（见学习者版表 2.1）。
2. 与自己所填写的（见表 1.1）进行比较，找到差异。
3. 回顾下属的“对我有什么好处”（见学习者版表 2.2）。
4. 与自己所填写的（见表 1.2）进行比较，讨论相似点和不同点。
5. 对“最重要的学习机会”达成一致。
6. 建立学习备忘录，或订立学习合约。

详细辅导指南

1.“我们来讨论一下，如果有三个机会能让你的绩效表现进一步改进的话，会是什么呢？”（边听边记录）

a）为什么是这三条呢？（找到合理原因）

b）与他分享你自己原先写的三条是什么。

i. 如果结果相同，“不错，果然英雄所见略同，那我们就看看培训能

帮我们做什么吧！”（至第 2 步）

ii. 如果结果不同，就聊一聊这些差异部分，你可以选择以下说法：

“我没有选择这一条，因为在我看来你在这方面已经做得够好了。”

“我同意你所说的这一条是一个好机会，不过我个人觉得还有一个更重要的是……”

“你这条说得有道理，确实比我所写的更重要，我们忽略我写的那条，现在把焦点移到你的这条上来。”

2.“那么我们来看看‘对我有什么好处’这张表吧。”

a）仔细读一下他写的表。

b）和自己所写的进行比较。

c）先指出哪些是达成一致的。

d）如果他的回答和你所写的差别较大，可以这样来提问：“可不可以帮助我理解一下你所列的这个……我好像不是很清楚。”然后仔细聆听，如果他的答案很合理甚至比你的更好，你要乐于接受。

3. 根据以上的结果，和你的下属在本次课程中最重要的 1~3 项（不能超过 3 项）收获上达成一致。

4. 要求他签署合约，或者给你一份面谈纪要（订立一个备忘录）。

5. 马上约定课后的面谈时间（越早越好），听一下他的反馈、看看他课后的目标及行动计划。

阐明你的期望

把话说清楚。没错，就这么简单。在培训前的面谈过程中，你必须把话说清楚，让他们知道你的期望到底是什么，让下属知道你希望看到他们学以致用、有所进步，让他们知道这是一项非常重要的投资。

把目标设定得稍微高一些，因为目标也像那个会自我应验的预言一样。一定难度的挑战对于销售团队来说很可能带来更高的销售额，而太过简单的目标则会让大家懈怠下来。较高的目标比起那些低目标（或者没有目标）而言，会带来更多的绩效。当目标更清晰也比较高的时候，员工更有可能超越自己。

当你表达了你对绩效表现必定会改进的信心时，你就更有可能收获一个更好的结果。不论你是有意还是无意，如果你表达的是对目标、结果看低的态度，结果可能就会相反。通常，管理者如果把目标和要求设置得太低，就会出现常见的培训“效果不好”的现象。（回想一下，你是否说过“就是去学习一下/随便听一听”之类的话？结果如何？）

你需要和你的下属对参加这个培训项目就“成功”的定义达成一致。面谈的成果应该是对未来交付成果的认同，就像业务目标一样。

不要忘了，最后请他总结一下面谈，可以有两种形式：学习合约（见示例 1.1）、非正式的学习备忘录（见示例 1.2）。在学习者版部分，提供了推荐格式。不论形式如何，目的都是为了确保面谈的成果及你的（高）期望已经明确写下来，让你和你的下属都可以依此来跟进，就像管理业务或者投资一样。

> 学习目标应该像业务目标一样来管理。

即使你和你的下属关系是非常亲近的，也不要忽略这个步骤。这种“纪律”带来的是减少误解、误差及更好的成果。

示例 1.1 学习合约样例

为了确保在零部件管理培训项目中能够最大化学习收益，我同意：

- 完成所有训前阅读和测评任务
- 全情投入，积极参与到课程中去
- 为将所学内容转化为实际应用制定清晰的目标
- 执行“将绩效改进进行到底”计划
- 汇报结果
- 与我的同事分享过程中的亮点和收获
- 其他：从别的经销商那里带回一些最佳实践的经验

具体来说，在培训期间我会专注在库存管理上，以便日后可以改进修理程序的效率，以及盈利最大化的能力。

签名：李瑛

日期：20××年 7 月 23 日

管理者承诺

作为管理者，我同意：

1. 参加学习项目中与管理者相关的训前任务。
2. 在培训前与我的下属面谈，探讨培训中能够给予他的最重要的发展机会。
3. 把下属从满负荷工作中解放出来，给他充足的时间完成培训。
4. 尽我所能，减少在培训期间对他的干扰。
5. 在培训后再次与他面谈并给他支持与辅导，一起讨论将所学应用于工作的情况。
6. 给他示范我们期望的行为。
7. 提供鼓励、支持，强化他们的培训后应用。

8．提供下属实践新技能、新行为的特定机会。

9．提供持续改进与发展的建议。

我们的课后跟进面谈会安排在：9月19日

签名：程功

日期：20××年7月25日

示例 1.2　学习备忘录样例

程功：

感谢你今天能安排时间与我面谈讨论领导力培训项目事宜。

我们达成一致，为了改善我在领导力和团队建设领域中的绩效，我需要在培训中关注的重点是如何找到对方的需求而激励对方更愿意努力工作。

你同意留给我充足的时间参加学习，并尽可能地避免干扰，还会给我实践所学的机会。你也同意给我做辅导，以帮助我从你的经验和专长中受益。

我们计划在9月19日下午2:30安排课后面谈，届时我将分享我的课后感想、课程亮点及从我所学中进行改进的具体目标。

谢谢你的支持！

李瑛

如果你两天之内没有收到这个约定好的合约或者备忘录，再去催一下。

如果你在催过之后还是没有收到的话，有两种选择：

（1）若培训不是必须参加的，你可以拒绝让他参加。这样的话，他就能清楚地知道你对培训投入这件事情是多么看重了。事实上，有公司把学习合约当成必需品，没有完成合约的人会被拒绝进入培训现场。而对你来说，只要这样做一次，你的用意大家就都能明白了。

（2）若培训是必须参加的，你不妨反过来发一份备忘录给他，表明你因为没有收到培训前达成的统一意见、合约或者备忘录而感到不满，并且强调你对培训后的跟进有了更高的期待（见表 1.3）。

表 1.3　学习备忘录

动手做

说明：只有当你没有收到下属反馈的面谈总结，且培训必须参加时，才填写此表。

______你好：

非常感谢前几天你能够就即将参加的__________与我面谈。但是，我感到非常失望，至今我没收到曾让你准备的会谈总结。希望这并不意味着，你对参加的教育和学习项目没有用心。因为，你并没有按照我们会面时要求那样做。基于此，我总结如下。

我们曾经达成一致意见，为了提升你在______________________________等方面的行为表现，对你来说参加本次课程最需要关注的是__________________。

你也同意完成既定的学习任务，全心投入到培训项目中，并练习学到的新知识和新技能。我们曾经安排在______________召开训后跟进会议，届时，我将请你分享你对该学习项目的反馈、你的体悟和洞察，以及为了改进绩效目标，你所制定的具体目标是什么。

____

未雨绸缪

虽然还处于课前阶段，但是现在已经是开始思考课后阶段工作的好时机了。

1．你将如何为你的下属创造学以致用的机会？

2．怎样才称得上“成功的培训项目”？

3．你会如何测量和评价你的下属来判断绩效表现是否改进了？

4．如果下属的表现有所提升，你会怎样肯定和奖励他们？

你不需要现在就想好所有确切的答案，但如果你能提前思考这些问题，必将有很大的回报。

为后续的行动责任及跟进做好计划

最后一点，也是十分重要的一点，就是安排好后续的行动责任及跟进计划。你需要定下确切的沟通跟进时间，越早越好。

没有什么能比定下这个确切的时间更能体现你对课后跟进的重视了。定下这个确切的沟通时间，约定好到时候探讨学习收获、行动计划等。

尽量不要说这样的话：“等你回来之后，我们约个时间。”提前约好这个时间，并且尽可能留出这个时间不要变更。如果你多次取消、更改这个预约，不论你是有意还是无意，都是在告诉大家你对培训不太上心或无所谓。这样的话，培训的价值很可能就被浪费了。

? 问与答 如果我就是无所谓呢

使用这本手册有一个基本前提——你真的在意培训的投资是否有回报。但是，假如你真的无所谓呢？

如果是这样的话，你需要思考一下为什么你会觉得“无所谓”。

如果是因为你觉得“培训就是在浪费时间”，那么你不该保持沉默。作为一位管理者，你有义务和培训部门或者管理层交流你的这些想法，你不能保持沉默而让组织中越来越多的人浪费时间。

如果是因为你不看好这名员工、觉得他不值得投资的话，你应该“行行好”——不论是对你的部门，还是对这个员工——把他替换掉。不过在此之前，你最好再做一遍最后检查：你是否曾给他清晰的绩效反馈？你是否不遗余力地辅导过他？如果“是”，那么就别犹豫了。

又或者，如果是因为你已经超负荷工作、不认为这些事情需要放到优先列表中的话，那么最好先读一读本手册中的“他们说”部分。那些活生生的案例都是在告诉我们管理者在这个过程中扮演多么重要的角色——他们对学习与发展项目的效果影响是多么巨大。然后，想一想做这些事情所产生的巨大价值，再来决定如何排序你的优先列表吧！

2. 全情投入

当培训进入真正的收获阶段，你就是组织里最重要的那位管理者——因为你的下属参加了培训，然后环顾四周，想着“谁能给我辅导和帮助”的时候，除了你还有谁呢？基调是你来定的，好与不好就看你了。

> “如果你是组织中的管理者，那么对你的直接下属来说，你就是组织里最重要的那位管理者。相比其他人来说，你绝对是对员工的去留、职业生涯、职业道德、绩效、工作驱动力、满意度及分享企业愿景和价值观等要素影响最大的那个人。”
>
> ——库泽斯与波斯纳（领导力大师），2007

如果你表现出对下属培养和发展的积极兴趣，那么他们对自己的发展也积极多了。他们会投入更大的努力学以致用，勤加练习。因此，他们的绩效表现改进会更快、更有效，除了他们自己之外，你和你的团队就是最大的受益者。

全情投入的三个关键点是：

- 多去问问
- 创造机会
- 反馈和鼓励

多去问问

每位管理者都有一种很强大却很经济实惠的绩效管理工具，那就是“表现出你的兴趣”，让别人知道“你在意”。管理者到哪里，下属当然也要到哪里。所以，当你开始向下属提问培训项目感觉怎样、学到了什么、有什么进步等时，你就等于是在传递这样的信息给他们：你觉得培训很重要。当他们意识到“管理者觉得很重要”时，他们也会觉得培训重要；他们还会因此而在学习和后续转化中投入更多的努力，当然，也就会获得更好的成果。

获得更好结果的一个关键点就是——“多去问问”。

只需要表现出一点儿兴趣，这花不了你几分钟的时间，也不会有很多案头工作，更不用开会。在大厅遇到他们的时候简单聊几句，或者在餐厅，都可以获得你想要的效果。还有更妙的方法——“走动管理”（Management by Wandering Around，MBWA），路过他们工作的地方，顺便问问——就这么简单。

正如上文所提到的，“问问”的最佳时间是培训项目开始之前，其次是刚刚结束之后。

为什么刚刚结束之后就又要去“问问”呢？因为知识在刚形成的时候非常脆弱，你可能知道“遗忘曲线”下降趋势最快的时间就是“刚记住”的时候。这时候，你去“问问”他们，比如问他们学到了什么，会迫使他们重新记忆起所学，这个重新加工知识的过程对他们唤起和加强记忆很有帮助、对知识的转化应用也是如此。在下一个带你做里，我们会展示课后谈话指南。

带你做 课后讨论

概　　览

1. 排定一个在培训后尽可能早的跟进面谈时间。

2. 准备一个20～30分钟的面谈。最重要的是面谈本身而非谈话时间的长短，10分钟、15分钟都足够让你的下属意识到你对培训这件事是认真的，就能让他们认真学习和转化应用。

3. 把时间都用在聆听和提问上（别只顾着自己说）。你的下属才应该成为那个不停讲话的人。

要问这四个关键问题：

a）在这次培训项目中，什么对你最有价值？

b）如果要学以致用，你有哪些目标要达成？

c）达成这些目标，对你自己、你的职业生涯及部门来说有哪些好处？

d）为了达成这些目标，你需要什么支持和资源？

面谈的目标是展现你的重视程度，鼓励下属回顾所学（并借此机会强化巩固），并承诺能够学以致用、有所成就。

详细的辅导指南

1. 见面、寒暄，感谢他来面谈，展现出你的兴趣——让他知道，你很有兴趣听他学到了什么，并将如何应用。

2. 提问："在这次培训项目中，什么对你最有价值？"

a）仔细听答案。

b）重述你听到的答案以获得确认："所以，对你来说最有价值的是……"

c）让他进一步阐释清楚或者说一些延伸知识，帮助他巩固理解及记忆，并能够锻炼逻辑性的批判思考：“关于这一点，多说一些……”或“那你觉得其他人会觉得别的点更有价值吗？为什么？”

3. 你的下属应该有1～3条白纸黑字的目标——学以致用的目标。如果你还没收到这些目标，你可以问“如果要学以致用，你有哪些目标要达成？”

a）阅览一下目标（如果你之前没看过的话）。

b)目标的方向是否正确？目标和这个人的工作职责是否有关联？“张力”够不够？（目标有没有适度的挑战性？）

c）如果没有（关联或挑战性），你可以问他们：“为什么你会选择专注这个领域？”也可以问：“你能想到更重要的或者更有价值的目标吗？”

d）如果你同意这些目标的话，就开始问一些有关收益的问题。如果你不同意，我们建议你可以做如下反应：“我希望看到你对结果的描述更清晰。”“我希望你能把第二条目标重写成__________，因为我在你的绩效改进机会当中找到了这条，并且这个机会对你来说意义重大。”

4. 提问：“达成这些目标，对你自己、你的职业生涯及部门来说有哪些好处？”

a）如果培训项目没有要求学员在课后定义自己的收益，那么我们这样做一遍会比较好。

b）让你的下属关注在收益上，确保他们选择了最有价值的目标，并重视自己的承诺。

5. 提问：“为了达成这些目标，你需要什么支持和资源？”

a）给他们机会向你要资源、时间、项目机会等来达成他学以致用的目标，这将展现出你对培训效果转化的极大支持。

b）如果他们要的都很合理，给他们理所应当。

c）如果超出了你的能力范围，向他们解释你的范围界限。如果有必要的话，相应地修改一下目标，使其在能力范围内能够实现。

> 6. 最后，设置一个后续再跟进的具体时间（如果项目并没有用跟进系统设定好时间的话）。告诉他们："我希望在这个时间点上能看到最新的进展情况。"

就算只是问一句，也好过什么都不说。若要有显著的绩效改进，持续不断的努力才能真正起作用。

所有对人绩效改进的研究都表明，有目的的实践比"天赋"更重要（见下面的他们说）。想要有所成就，人们需要反复地练习，并且不断回顾、反思在辅导之下再有新的突破。

他们说 学而时习之，才能有进步

杰弗里·柯文在给《财富》杂志的专栏文章中总结了"如何走向卓越"的研究："不管是科学研究，还是坊间传闻，大部分的证据都指向了——刻意练习与实践会带来更好的表现。"

换句话说，想要真正做好、专精一些事，需要大量的实践。不论是一天的课程、两天的课程，还是一个持续数周的培训项目，通常都很难对绩效表现有持续影响，除非，这位学员得到了辅导支持、反复实践的机会，以及适时的反馈。绩效表现研究者埃里克森定义"有意的实践"是指"在你目前还不擅长的事情上投入大量的、特定的及持续的努力"。

那么，你要怎样"实践"你的业务呢？柯文的建议是："在现在的工作中创造实践的机会，也就是'接着做你平时做的事'，但是不管做什么，都带着新的目标，而不只是'完成任务'，这样就可以做得更好了。"

埃里克森强调了"辅导"这件事对绩效改进的重要性："专业能力的发展需要那些有能力给出指导和反馈的辅导者。"在很多领域对人绩效表

> 现的研究——从商人到棋手——都表明这一点。
>
> 换句话说，培训可以在发展中起到重要的推进、催化作用，但从培训到绩效表现提升的转变只能通过不断实践、接受辅导和启发来实现。这就解释了为什么管理者对培养人才的效果有举足轻重的影响。

所以为了最大化学习与发展的价值，你需要找到一种能够鼓励下属并保持他对目标的专注和持续实践的努力。你可以设定一个正式的过程控制表格（见下文“推动产出”部分），并且记得要时常“过去问问”，关心他们的学习目标和进步情况。

创造机会

要通过培训后的效应推动绩效表现的提升，管理者还有另一个好用的、重要的方法——创造机会。

作为管理者，你对工作流程、任务和资源都有控制权。好好使用这些权力，为你的下属在继续学习与发展过程中创造实践机会。

我们可以从创造一个“高质量”的机会开始：

- 鼓励员工参加他们适合的、有利于他们发展的培训。
- 把可能的干扰降到最低，这样可以让他们全神贯注而不会是“身在培训心在外”。
- 培训后，给他们分配特定的项目、任务或其他的工作职责，这些职责应对应他们所学的新知识、新技能等。

鼓励“适合”的培训

适合的、有利于下属发展的培训，结合管理者的后续跟进，会给你的团队带来很大的好处——绝对可以超过你投资的时间和金钱。

然而，在上面这段话中，关键词是“适合的、有利于下属发展的”这个定语。培训所包括的知识、技能、方法等必须和这个人当前或未来的工作角色相关，并且都是他们尚未掌握的。如果把你的人送去学那些他们已经掌握的东西、在未来不可能用到的东西或他们还不具备的先决条件（如经验、知识基础）的东西，毫无疑问就成了一种浪费。

同样的道理，培训也有很多解决不了的问题：当问题的根源在于“没有驱动力”“期望不清晰”“反馈不充分”“缺少认可和奖励机制”时，培训是起不了作用的。遗憾的是，我们往往正是在用培训解决这些问题。

解放学习的时间

有效的学习需要专注且不会被分散的注意力。作为管理者，培训的时候你可以让你的下属尽可能从日常职责中解放出来，这样他们就能更专注于学习而不会三心二意，甚至忐忑不安。

你需要找其他人来“掩护”他们，暂时代替他们来处理他们的电话等各种日常工作。在可行的范围内，把他们正在做的任务、项目的期限做些微调，最重要的是，自己能够忍住在培训时间内不主动去打扰他们，除非真的有必要的、紧急的事。

你需要做的是鼓励他们专注于学习，而不是鼓励他们在休息时急急忙忙地回来接电话、处理邮件或在培训中时时通过移动设备处理这些事情。其实这些行为的“成本”很高：每次他们被打断（不论是被动收到短信、听见电话铃响，还是主动查看邮件），都要花费宝贵的时间重新聚焦（见下面的他们说）。每次他们被打断，整个培训却不会因此而停下，无形之中许多重要的学习机会就溜走了。

他们说 “中断”的成本其实很高

三四十年来，整个世界发生了很大变化，这不得不归功于那些被称为“知识工作者”的人们靠他们的智力资本和创意在推动，如那些策划者、设计者、写作者、程序员、科学家、管理者、营销者等。知识工作者尽他所能创造贡献，而那些产能最高的、贡献最大的人往往在一种“心流”的状态下获得价值最大的成果。这种“心流”，就是指他们全身心地完全投入、专注于他们所做的事情，以至于“没有了时间线的概念”。

问题是，想要达到“心流”状态谈何容易。研究表明，平均 15 分钟才能让一个知识工作者进入“高产”状态，相比于进入这个状态，失去状态的速度比泄气的气球还要快。任何干扰、中断——电话、短信、邮件的提示音、同事突然发来的问题等，都可以把知识工作者从之前的工作状态中拉出来。所以，一个看似一分钟的邮件回复，实际上花费了 16 分钟来让知识工作者重新进入状态。

不必要的打断每天会消耗知识工作者大约 28%的时间，仅以美国为例，每天约有 280 亿个小时的浪费。

而这个“心流”的概念同样适用于学习。频繁的打断，不论是被动的打断还是“自找”的麻烦（如“我就看看收件箱有没有新邮件”），都会干扰到学习者。这种干扰极大地影响了他们的专注程度，而要想掌握一些新的知识、技能，这样的专注是必不可少的。可以说，每多一声电话铃响，你就少学了一些。

因此，为了让学习效果最大化，你要保护你的下属免受干扰和中断的侵袭，你要帮助他们专注于培训这件事。人们往往高估自己“多进程处理任务”的能力，实际上当你关注一样东西的时候，你一定会忽略掉其他的一些东西，即使一个突然出现的、长相惊悚的大猩猩也可以视而不见。

> “在商场上、在学校里，人们似乎都推崇‘多进程处理任务’，然而研究结果已经清楚地告诉我们这样做增加了错误率、降低了产能。”应用学习大脑研究中心的总监约翰·梅迪亚说道。

布置学习任务

在创造学习机会时，你要做的第三项工作是布置一些特定的任务：这些任务需要你的下属应用所学才能做好，这样才能让他们真的去实践所学并转化为应用。

举例来说，如果你的下属参加的是“项目管理”课程，你要确保他们最好有机会在接下来的时间里被安排去管理一个项目，这个项目的规模、复杂程度不会太高，也不会太缺乏挑战性，最好是适合应用他们新学到的知识和技能。如果培训项目是“演讲技巧”，尽快安排一次重要的工作演示让他们去做。这个时间把握是非常关键的，培训项目结束之后，应用实践开始得越早，他们记忆和应用得就会越好。反过来，拖得越久，他们忘记的也越多。

任务的布置需要一点“张力”。用表 1.4 来帮助你规划一下他们学以致用的机会，促进他们学习效果的转化。

表 1.4 学以致用的机会

动手做

说明

1．用这个表格帮助你厘清学以致用的方法。

2．在第 1 列里简要总结你和你的下属共同认可的目标。

3．在第 2 列和第 3 列里，用头脑风暴法想出一些可以应用他们所学知识的机会。既可以是现有工作职责范围内的，也可以是一些额外的、特殊的工作任务或机会。

4．把任务排序，然后选出“个人发展”与“组织需求”尽量平衡的机会。

下属的目标	应用的机会	
	现有工作职责内	特殊任务或工作
1.		
2.		
3.		

反馈和鼓励

最后一个，也是最重要的让你全情投入的方法，就是在培训后提供适时的反馈、鼓励、建议。

当两个人同时参加一个培训项目时，如果其中一人的管理者比另一人的管理者更积极地给予辅导和反馈，他的表现进步速度会明显快过另一人（见第 6 页的他们说）。

> 不论想要在什么方面做得更好，都需要外部反馈。

这种差异是由你来决定的。各个领域的高绩效者都有一个共识，那就是“导师”或者“教练”对于他们充分发挥才能是至关重要的。运动员需要教练，否则他们无法获得奖牌；管理者也需要导师帮助他们一起实现成功。提供反馈和辅导，是管理者能够为下属改进绩效所做的最重要的事之一。

要让辅导和反馈有效，需要满足以下条件：

- 高频率
- 平衡性
- 具体性
- 对话式

高频率

员工大多都会觉得管理者给他们绩效表现的反馈是不够的。大多研究表明，管理者在“给予员工反馈”方面得分比较低。可以理解，在现在的商业节奏下，很容易就会变得太忙，以至于没有时间激励和辅导员工。但是，可以理解不代表可以容忍。缺少反馈，对员工的敬业度（或承诺度）有很大影响，间接造成了对绩效表现的巨大影响。

如果你觉得自己实在太忙，总是不记得给员工反馈，那不如把这件事备注在你的日历上。提前做好计划，到时提醒你日历上的其他事不会比这件事更重要，至多是同样重要，因为你是一位管理者。对于管理者来说，辅导是发展团队的重要方法，也是重要职责。想要把培训的钱花得值，你必须常常给你的员工提供反馈。也许只是抽出几分钟，给你的员工反馈和鼓励，但是你必须记得并且保持频率和节奏，这样你会在员工承诺度和绩效表现上都获得持续的收获。

平衡性

根据《一分钟经理人》的作者肯·布兰佳所说，让大多数员工知道他们工作做得还不错的唯一方法就是“事后没人朝他们大吼大叫”。

所以，你需要做的是发现“做得不错”的员工，告诉他们，表扬他们。具体来说，在我们所讨论的“发展”范围里，这意味着认可员工对新事物的尝试，即使绩效表现还没有“闪耀光芒”，你也依然认可他们的做法：“你能尝试着去……这真的很棒！”我们前面说过，员工需要更多反馈，事实上他们真正想要的更多是积极的反馈——对于他们努力和成就的认可。积极的反馈对于你鼓励人们尝试新行为有着非常重要的作用，而培训后的学以致用是以新行为来体现的。

平衡的反馈意味着你既要给出积极的反馈（表扬），也要给出发展性、修正性的反馈。这些反馈本身不用很“难听”，办法也很简单。比如，当你不再习惯性地使用一个“但是”，就可以不令人们在情绪积极的时刻被你打击到了。

你可以先给积极的反馈，认可他们的进步和努力，然后你只需要停顿一下，再给他们一些修正性的反馈。要记得，反面的或修正性的反馈要找个非公众场合和你的下属单独聊。

具体性

对你的员工说一句“很好”，比什么都不说要好；辅导和反馈具体些会更好。人们擅长在你不具体的反馈中看不出真诚的感觉，并且很快就对你的反馈免疫了。

创新领导力中心（CCL）推荐使用一种“情境—行为—影响”（SBI）的反馈模式：

- Situation（情境）：描述一个特定的具体工作情境，如一次会议、一份报告等。
- Behavior（行为）：具体描述行为，说说你观察到的事情，如你处理客户异议的对话、你对演示材料的编排组织等。
- Impact（影响）：你需要指出这个行为对你、对其他人的影响，如“能够让我感觉到你对待学习真的非常认真”“让客户感受到了尊重”“让我觉得你确实有能力承担更大的责任”等。

对话式

辅导可以帮助人们解决他们自己的问题，发现他们自己的观点，并生成他们自己的计划。这些都是“他们自己的”，所以辅导的过程最好是对话式的，而不是你的宣讲。你要激励你的下属让他们自己思考，鼓励他们把现在的事情连接到他们过往的经验和其他的知识上，激励他们自己参与找到解决方案。多花点时间提问，而不是直接告诉。在对话中，一定要注意谁在说、谁在观察分析、谁在总结和提出解决方案。你和你的下属都应该做出贡献，一起探索。

> 有效的辅导不是一场宣讲，而是一场对话。

辅导和反馈对于培训的投资回报来说非常重要，几乎处于核心的地位。

因此，辅导和反馈的活动需要一种更好的记录和提醒的方式，就像其他项目活动一样。如果你的组织没有使用学习跟进系统，那么请你自己制作一张记录表（见表 1.5），控制自己的跟进辅导行为。就像“全面质量管理”的做法一样，把这个记录你辅导表现的表贴在你的办公桌上，时时提醒你。

表 1.5 辅导计分卡

动手做

说明：在培训后 10 周时，将你与下属之间所做的有关学习效果转化的沟通次数填写进去。目标是每周至少两次（哪怕是简单地问一句“你的学习目标实现得怎么样了”）。

沟通次数											
5+											
4											
3											
2											
1											
	0	1	2	3	4	5	6	7	8	9	10

训后周数

如果培训项目提供了一个课后学习跟进系统，你会收到来自系统的提醒。你不能忽略这些提醒，要做出相应的回应，辅导你的下属，给予他们反馈来保持他们的积极性（见下面的他们说），每周用不了几分钟，但是会为你的下属、团队和部门及你自己带来长效的回报。

他们说 及时反馈是给他们的努力加满油

如果你对下属的反馈及时、适当，他们就有可能保持对于提升自我的积极性。

这个例证来自一家领先的技术公司举行的有 5 000 人参与的培训项目。培训结束后，该项目组使用了一个课后学习跟进系统，鼓励学员向他们的直接领导索要反馈。接下来，在所有索要过反馈的学员中，就出现了两种行为截然不同的学员，而区分他们的要素就是“有没有收到老板的反馈”这一条件。收到反馈的那些学员相比剩下的那些，有差不多两倍的概率继续努力改进，并且汇报自己的情况。

从员工的角度来看，这很容易理解。如果你向你的老板请求帮助、给你反馈、帮助你在学习项目中转化课堂知识，如果他们确实这样做了，就会传递给你一种清晰的信号：你做的事情很重要，也很值得投入你和他们的时间。反之，就是另一种清晰的信号：你的努力不重要，这件事情不值得这么关注，大家都该把时间花在别的地方。

因此，培训的投资回报、物有所值，很有可能被你这几分钟的反馈所左右。

下面的带你做中列出了更多的建议、细节描述和例子。

带你做 在线辅导

在线辅导是一种快速、高效的帮助下属学习的方式。尤其是当你和下属分散在各地时，这是一种很好的选择。使用在线系统，你会收到邮件提醒，根据下属的进展情况快速做出反应。

如果你的公司已经部署了这种系统，那么定期向你的下属要求他们提交更新情况（见表 1.7）。不论你使用的是哪个系统，以下指导都可能对你有用。

1. 马上回应：收到提醒，马上回信，不要拖着。因为以现在的商业节奏，你随时可能把这件事情埋没在一大堆其他事情中，然后忘得一干二净；或者，从大堆信息中把它重新挖出来，可能用了你更多的时间。更重要的是，你的回应越及时，下属的感受越好，这个回应的影响也越大。

2. 回顾进程：回复不是随便写写，你至少要快速回顾一下他们目前的进展。有哪些值得注意的事情吗？信息足够完整让你做出判断吗？你对他们进展情况的整体感觉如何？

3. 认可努力：不要从你的整体感觉开始写，而是记住永远从认可他们目前的努力开始。这样才能鼓励他们未来继续这些努力的行为。你可以这样写："感谢你在学习项目上继续努力提升自己并发给我看你的进展情况。"

4. 具体评价：当然，一句"做得不错，继续努力"比不回复要好一些，但如果你的评价能具体一些，他们会得到更多的价值，如"我特别赞同你正在做的……"或者"看起来你在……遇到了一点挑战"。如果你的下属问了具体特定的问题，那么也要记得回答。

5. 提问/建议：利用这个辅导的机会，激发你的下属自己思考的能力，帮助他们接受更多挑战，提升他们的能力。比如，这样问："在你看来，为什么他会这么做呢？"或者"你有没有考虑过……这个问题？"在合适的时候，也可以提出一个建议，如一件可以尝试去做的任务，一个应该去聊一聊的人，一篇可以阅读的文章，一本书，或者其他你觉得对他们有好处的东西。

6. 保存下来：将这些虽然很方便快捷但也是精心准备的反馈保存下来，放在一个单独的文件里，当遇到一些类似问题的时候，你就可以拿来当作参考。有时候，一些复制和粘贴可以帮你省去不少时间！

3. 推动产出

当我们说到业务绩效、产品和服务质量的时候，你通常都有很高的要求吧？你对绩效表现的要求有很高的标准，不然又怎么会晋升到今天的位置呢？

即使在业务上有着极强的绩效推动能力的人，也经常在培训效果的推动上有盲点。因为他们并没有把学习的目标当成同样重要的目标，或者他们并没有很严谨认真地对待这些事。这样的“双重标准”对效能和效率没有帮助，因为培训和学习的目标是推动你的业务产出。

所以，学习与发展的目标确确实实就是业务目标，它们应该被一视同仁。通过管理培训后的跟进过程，像管理业务目标跟进一样，你的回报就会变得更多。没有跟进执行的目标就没有价值。

> “只要没有执行，再突破性的设想也会瓦解，再好的学习材料也不会产生价值，设置得再好的目标也不会实现，即使革命也会在中途夭折。”
>
> ——《执行力》

推动学习效果转化产出结果的执行方法是：

- 共识目标
- 监督过程
- 评估成果
- 计划未来

共识目标

好的管理者不会让他的下属在不和他商量的情况下设定业务目标，否则员工可能出现各种各样的问题，如太容易达成，与实际的战略目标脱节，或者把精力花费在不重要的事件上等。

遗憾的是，这就是现在学习与发展目标管理的现状。员工去参加培训，设定了目标，夹在笔记本里，然后……然后就没有然后了。他们可能是自己做完这些（包括忘记目标），全程管理者几乎都没有参与，和业务目标管理完全不在一个档次。那么，学习与发展的目标达成得不好，学习项目收效甚微，也就不足为奇了。

在一项研究中，只有40%的管理者知道他的下属在参加完一个每人花费2 500美元、整整一周的培训项目后，具体在学习目标上做些什么。剩下60%的管理者完全搞不清状况。换个角度说，我们设想一下，哪家公司能够在60%的管理者搞不清楚目标、不清楚分解给员工的工作目标的情况下取得很好的商业业绩？

试试看将你所知道的下属的业务目标，与你所知道的下属的学习目标相比较。对哪一个你了解得更清楚？如果你对下属的学习目标不太了解，你需要改进的就是学习价值链上这个最薄弱的一环。

检查一下下属的学习目标，并和他们达成共识，像对待工作业务目标一样对待这些非常重要的目标。确保这些学习目标对他们的工作成果有帮助，并与你创造的学以致用的机会相连接。

如果培训项目部署了跟进系统，你会在培训一周内自动收到提醒邮件——有关下属的学习改进目标。表1.6会帮你省下不少时间。如果你没有在线系统，你也可以自己做一个，让你的下属把他们的目标列表发给你。

表 1.6 目标评估

动手做

说明：以下是评估学习转化目标的一些关键标准，同时列出了当目标符合标准与不符合标准时我们应该做什么。

标　准	建议的做法	
	符合标准	不符合标准
□ **清晰** 一看就知道目标要达成什么	"你的目标写得十分清晰，很棒。"	"你需要修改一下你的目标，我看了之后觉得依然不清晰，不知道你要达成的具体目标是什么。请写得再具体一点。"
□ **重要性** 目标聚焦在了对此人很重要的绩效表现方面	"你选择了一个很重要的学以致用的机会。"	"我认为你并没有选择最重要的那个提升机会；我更希望你聚焦在……"
□ **时间性** 时间节点、里程碑和时限都是具体的	"你设定了时间节点，这样更有利于达成目标。"	"你忘记设定时间线了，请记得加上关键时间节点和期限。"

续表

标　　准	建议的做法	
	符合标准	不符合标准
□ **相关性** 目标与此人现在的工作或准备晋升到的下一个职位的职业高度相关	“我很高兴看到你选择了一个与现实工作目标相关的改进目标，这就把工作变成了实践场，让你不断提升。” 或者“我很高兴看到你的改进目标与未来你可能需要的技能相关。”	“我没有看到改进目标与你现在工作之间的重要关系，这会让你更难达成目标，你可以试着改一下吗？” 或者“你可以把改进的目标和你未来要承担的更高级别的工作联系起来。”
□ **可衡量性** 目标包括对进步的具体描述及如何评价、证实进步的规定	“你对目标达成的关键指标给出了清晰的定义，就这样坚持下去，你可以做得更好。”	“你还没有定义好你将如何评价自己的改进成果。如何衡量？不衡量的话，你又怎么知道自己目标达成了呢？”
□ **张力** 目标不是很快就能达成的，与现有状况之间有一定的提升空间	“我看到你给自己设置了一些挑战，这样非常好，因为想要继续前进的话，我们总要向更大的挑战出发。”	“我发现你设定的目标对你来说挑战太小了。让人失望的是这样的目标太容易达到了。希望你设定更有挑战性的目标。”
□ **现实性** 目标在相应的时间内可以实现，也有相应的资源可以让它实现	“这个目标现在看起来只要你认真对待就可以实现。如果你需要支援，或者陷入没有预料到的困难，请随时找我。”	“你的热情让人钦佩，不过我担心你的目标太高，在现在的时间、资源下无法实现。你最好设置一些时间允许的可实现的里程碑。”

监督过程

好的管理者对下属进展情况的关键指标很敏感，如项目节点、营收、客户满意度等。“管理”本身就是“监督、评价和调整”，确保组织达成期望的目标。

同样，学习与发展计划的实施也需要管理的过程。对于业务结果来说，我们已经具备规划好的汇报周期，你可以在各个时间节点看到具体情况、监控过程、认可成绩或者做出必要的修正，简言之就是对过程的管理。

周期性的进展情况更新可以借由学习的“间隔效应”发挥很大的作用。近 50 年来有关学习的研究表明，间隔性、周期性地回顾所学知识，对学习效果的持续有很大帮助（见下面的他们说）。

他们说 间隔的重要性

想把学到的东西牢牢“锁”在脑子里，让你可以更轻松地回忆起来并使用，你最好间隔性地回顾一下你所学的东西。塔尔海默基于很多广泛的研究总结道：“一段时间内，间隔式的学习对长效学习有很大好处。”“真正的学习不可能在一个单独事件中发生。”

当你把学习效果的持久性当作目标时，间隔就变得格外有效。管理者可以利用这种间隔效应，周期性、间断性地询问下属的进展情况，让他们结合实际工作。每次进展情况需要更新时，学习者就必须回想那些内容，这可以帮助他长久记忆。

要求他们间断性地重复回想所学内容，比反复展示培训材料的效果好很多。如果这种回想能够伴随着反馈，效果就会更好。间隔期越长，对学习者记忆的刺激也越大，所以你可以把间隔设置成 2~4 周。

如果培训项目使用跟进系统，会自动生成相关的跟进计划和日程。他们可以按照计划轻松提交进展情况的更新信息。如果没有，也可以自己做，进展情况可以浓缩成一些简单的描述。这个跟进过程的监督比跟进中使用的材料本身更重要，所以，要照着时间表前进。如果你需要一个模板，可以参考表 1.7。

表 1.7 跟进计划

动手做

学习者：____________　　　　管理者：____________

跟进计划（日期）：

□1：___月___日　　□2：___月___日　　□3：___月___日

□4：___月___日　　□5：___月___日

每到上述日期时，复制并完成下列表格，发送给管理者。

简述目标 1：

最近这个阶段内采取的行动：

进步情况：□ 无 □ 有所进步 □ 显著提升 □ 目标达成

下周计划：

简述目标 2：

最近这个阶段内采取的行动：

进步情况：□ 无 □ 有所进步 □ 显著提升 □ 目标达成

下周计划：

其他建议、问题、要求和期望：

每2～4周检查一次，持续3～6个月为佳（见下面的问与答）。必要时，根据不同的培训项目、学习目标来调整这个时间计划，如提高人际互动能力可能比学习一个操作技术需要更长的时间。你要保持这个节奏，直到下属的行为固化成习惯。如果这个跟进计划已经变成没有意义的行动，就可以停止，或者重新定义目标。

问与答　这难道不是一大堆麻烦事吗

你可能想："我们都是成年人，每天都有很多事要做。这些乱七八糟的事，看起来都是一堆人力资源管理者的事。"

如果周期性提交学习与发展目标的进展情况报告是一种"麻烦事"，那么只有两种可能：

- 在你的公司，财务报告、项目里程碑阶段性报告、策略性行动报告都是"麻烦事"。
- 报告被"当作""麻烦事"。

第一条是很难成立的，这很明显。只要一个组织比小区门口的夫妻店大一些的话，就肯定需要一些报告系统、计划等。当然，这不代表管理者就会喜欢那些月报、季度小结等，但是他们都知道这些周期性报告对确保目标达成有重要的意义。

人的学习与发展目标也需要汇报系统，这和业务目标没有区别。两者都是对公司极其重要的投资。因为公司花钱培训和发展人才，是为了提升未来的绩效，所以学习与发展目标应该像业务目标一样管理。

即便如此，我们看第二条。当第二条发生时，你作为管理者，依然把这些报告当作"麻烦事"一样对待，也就是说，你准备把这些可以推动公司未来绩效发展的目标进展报告当成浪费时间来处理。如果你认真对待——

只需浏览一下，给出建议——你的下属也会认真对待，他的汇报就是经过大脑思考的。如果你忽略它们或敷衍了事，那么你的下属也会敷衍着对待，这一切就没有价值了。

周期性的财务状况汇报系统迫使管理者专注于达成财务目标，同样，有意义的学习与发展目标进展状况汇报能起到让人们专注的作用。如果不想白花了培训的钱，如果想要提升团队和自己，就不要把这当成一大堆麻烦事。

如果你已经要求你的下属定期向你汇报他们的业务目标达成情况，那么很简单，你只要让他们把学习与发展目标也包括在内就好了。如果想要这些目标发挥作用，你就需要拿出正确的态度对待它们，像对待业务目标一样，认可和重视这些目标。

评估成果

每场赛跑都有终点线，每个财年都有结算日。虽然学习与发展就像无尽的任务永远不会停止，但也有周期性的终点——在每次评估和总结后。

和大家所想的可能不同：下课不是学习与发展的终点。

恰恰相反，下课后我们才刚刚开始。

学员在真正学以致用之前，远没有完成他们的学习与发展项目。真正的“期末考试”发生在工作中，通过工作表现完成评估。

越来越多的公司受此启发，等到改变、进步真的发生（并且有例证）之后才“颁发结业证书”。作为管理者，其实这个终点线是由你来决定的，就像员工的业务目标一样。

培训结束后，尽快找你的下属聊一聊。你们的目标是——一起定义“期末考试”是什么时候、怎样进行、考些什么。确定一个期限，并且约定下次面谈的时间。下次你们的面谈中，你需要下属做的是：

- 评估他自己的能力改变情况。
- 给出已经获得进步成果的具体案例。
- 反思目前的情况：什么有用，什么不行；什么帮到了他，什么妨碍了他；接下来，怎样做更有效。

这个面谈总结的指南如下。

带你做 面谈总结的建议做法

概　览

1．为每个学习与发展周期做一个面谈总结，目的是强调你对下属进步的期望，以及评估他已经取得的成就。然后，认可他获得的成就，同时也为未来的发展再做出下一步计划。

2．把“期末考试”当作整体跟进的一部分，早做计划，定下日程。

3．面谈可以定在课后2～6个月，这时进步才真的能看到。

4．计划好这个大约30分钟的对话。不过，和课前面谈一样，时间长短本身并不是问题，重要的是定下日程，确实执行。

面谈中的五个关键问题是：

- 你学到了什么新的知识或提升了什么能力？
- 成果如何？有没有实际的例子可以体现？
- 对你实现这个学习与发展目标来说，什么对你的帮助最大？什么对你妨碍最大？
- 对其他参加这个培训项目的人，你有什么建议？

- 要继续前进的话，未来你觉得自己还需要做什么？

详细的辅导指南

1. 寒暄开场。感谢他来和你面谈；你内心需要对他的进展情况有兴趣，这样才能表现出这种兴趣来。

2. 问："对比一下现在的表现和参加培训前的表现，你觉得提升了什么能力？或者学到了什么新的知识？"

- 仔细听。
- 重复以确保你理解无误："所以，你的意思是你……"
- 如果你同意这一点，就认可这个结论；如果不同意，就向他要一些"例子"（见下文）。

3. 问："具体达成了什么（做了什么）？"

- 仔细听。
- 重复以确保你理解无误："所以，你觉得达成的最重要的事是……"
- 再问得具体一些，确保这些是有依据的。鼓励他告诉你整个故事。

4. 问："你觉得给你带来最大帮助的是什么？"（如果是好事的话）"你觉得是什么阻碍你达成目标？"（如果不那么好的话）

- 鼓励反思，想一想未来如何继续进步。
- 如果进步不明显，让他为自己投入的努力打分。他是否觉得自己已经投入足够的努力？
- 如果他觉得问题在于课程，接下来想一想这个问题。如果这个批评是合理的，那么把这个信息告诉培训项目负责人。

5. 问："对其他参加这个培训项目的人，你有什么建议？"

- 鼓励你的下属批判性地思考问题。同时，你也可以得到一些对你下一次送其他下属去参加这个培训时可以注意的信息。

6. 问："要继续前进的话，你觉得未来自己还需要做什么？"

- 发展和改进是不会也不应该停止的。
- 问这个问题的目的是让他思考下一步要做什么，并且能让你给他一些方向性的指引。
- 在他思考的同时，提醒他想一下个人收益，以及对业务的帮助，这样可以确保他选择的发展领域对于业务是有价值的。

7. 总结关键点，形成行动计划。

如果确实取得了实质性的进步，一定要肯定和赞扬他。如果什么都没有，你也要告诉他你很失望。问问他到底发生了什么，你才能理解没有进步的原因，也可以避免下次再发生这样让人失望的事。

如果没有进步的原因真的是因为培训课程不足、选错了课程（而不是因为后续跟进转化过程的问题），你需要让培训部门知道，这样他们才能发现问题并改进。如果问题其实是出在了下属自己不努力、不认真对待这样的发展机会的话，告诉他们“我在慎重考虑下次是不是还要把这些培训投资花在你身上了”。

如果问题的实质是因为你没有真正安排出时间提供后续的辅导和反馈，那么，你知道该怎么做吧。

计划未来

讨论的最后，终于到了“计划未来”这个激动人心的时刻。人才发展是一个不断持续的过程，所以你要对下属的持续进步有所期待，这样他才会真的保持这个状态，并且真的不断进步。

在学习者版中，我们推荐他们准备好和你讨论未来事关自己的进步的、最重要的计划。你也应该做相同的准备，花点时间填写表 1.8，对你会有很大帮助。

完成整个闭环的最后一步是在“大考”之后做好整个过程的总结，当然是书面形式的结果呈现。这很重要，因为：

1. 这将会鼓励和表彰那些认真对待培训机会、确实改进了自己表现的下属；

2. 证明你对人才发展是认真的，证明你对培训后需要学以致用是认真的，证明给那些没有好好做的人看。在大多数公司里，人们只需要“看到一两封邮件”就懂了。

你的总结同样也是绩效考核时的重要依据和参考。表 1.9 给你提供了一个模板。

表 1.8 未来发展计划

动手做

学习者：______________ 管理者：______________

说 明

1．在第 1 列写下三个你的下属可以改进工作表现的机会，用动词开始，如“增加”“开始”等，有时候最重要的事情可能是“保持”或者“继续提升”最近所学的技能。

2．在第 2 列写下一些与这些需求相对应的、有可能的活动。别只想着培训，因为你真的有很多选择，如在岗训练、特殊任务、辅导、各种形式的自学等。也不用想着你需要把所有答案都写上去，有时候你可以去问一下人力资源部门有什么建议，或者还有一个不错的办法，就是让你的下属自己去探索有什么办法可以提升自己。

优先发展机会	可能发展机会
1.	
2.	
3.	

表 1.9　整体评价总结

动手做

说明：你可以使用这个模板总结一次学习与发展项目的整体结果，来完成整个项目。要让培训的钱花得值得，你得通过总结认可那些做出努力和取得进步的人，也指出那些浪费大好机会的人。

写给显著进步的人

__________：

感谢你在____________________培训结束后来和我探讨一些如何进步、如何在工作中应用所学知识的话题。总的来说，我真的很高兴能看到你取得了这样的进步，尤其是你学以致用了____________________和____________________这两点。你能够朝着自己制定的改进目标不断努力，学以致用，展现出了你持续学习和成长的能力，这对你未来的职业生涯有很大的好处，也值得我们敬佩和认可。

本着大家共同进步的精神，我们之前也对你未来几个可进步的区域达成了一致，包括：____________________；____________________。你同意__________，以及________。

再次祝贺你取得的进步，也祝你能够继续不断前进。

____

写给没能进步的人

__________：

感谢你在__________________培训结束后来和我探讨一些如何进步、如何在工作中应用所学知识的话题。很遗憾，你没能向我们展示一些能够看出你通过学以致用来提升自己工作表现的实际的案例，而同时其他参与这个项目的人却做到了。

我发现其中你遇到了不少困难和挑战，包括__________________，以及__________________。但还是希望你能和之前讨论的那样设法克服这些困难并不断学习、成长，因为这对你的职业生涯真的非常重要。

如果未来还能有这样的学习与发展机会，希望你还是能投入更多的时间和精力，将学到的知识转化为工作实际应用，这样你也可以获得更多的回报，而公司也是。

____

结语

有效的学习与发展项目对企业留住人才、投资人力资本发展并在不断变化、挑战的市场中保持竞争力来说非常重要。

作为管理者，你对学习与发展项目的效果有着非常显著的影响。当绩效表现改进时，很大程度上是因为你的作用；当然，如果时间和金钱都被浪费了，也是因为你。

要让学习与发展项目物有所值，你投入的时间和精力就像杠杆作用一样将学员的努力和公司的资源都变得更有价值。随着员工绩效表现、承诺度和能力的提升，你也会获得长效的回报。大家会知道，你是一位关心下属进步、善于培养和发展人才、能够建立高效团队的管理者，你也有可能因此而在职场上更进一步。

我们写这本书的目的是帮助管理者更有效地利用学习与发展项目获得回报，这对大家都有好处。我们希望看到未来有一天你能因此而获得更大的成就，也许可以给我们寄一张明信片，最好还能告诉我们这些工具、建议、方法有没有更多可以改进的地方。谢谢！

附录　表单填写样例（管理者版）

表 1.1 填写样例：改进的机会

动手做

说明：列出三件你可以做得更好、更快、更有效的事情，它们会让你对你的组织比现在更有价值：

1. 积极。减少抱怨，因为你常常抱怨，所以人们会对你所说的东西“打折扣”了。

2. 耐心聆听客户的话。探寻他们真正的需求，确保明白问题到底在哪儿，而不要在此之前先给出所谓的“解决方案”。

3. 加强演示技巧，这已经是我的强项，继续努力让它变成我的专精领域。

表 1.2 填写样例："对我有什么好处"

动手做

下属姓名：李瑛

项目名称：目标管理

项目日期：20××年 8 月 13—14 日

填写指南（管理者版）

1. 在第 1 列写下 2～5 条对你部门而言重要的交付物。你的团队为何存在？它如何创造商业价值？这一步是关键，学习与发展必须最终支持组织目标的实现。

2. 在第 2 列写下这位下属所负责工作的具体结果。最好将这些与他的年度绩效目标挂钩。

3. 第 3 列参看表 1.1，然后列出有哪些可以改进他的工作（无论是改进现有的工作，还是让他为进入职业生涯的下一阶段做好准备）。在这个专业领域中，那些表现最好的人和强者中的强者比你的下属更优秀的地方是什么？把这些提升和发展的机会写下来。

4. 看一下课程介绍和目标，课程与他的工作有什么相关性？课程的收益是什么？如果你还不知道，就快去找到这些信息。

5. 把第 3 列和第 4 列中的内容结合起来，填进第 5 列。想通过培训达到让他工作得更好的目的，你具体想要提升的是他或者团队的哪些绩效表现？

6. 和他面谈，并且当场回顾你填的表 1.2。下属同样会完成他自己的那份（见学习者版表 2.2），拿出来做对比，看看记录和感受有什么不同。

7. 对即将到来的培训项目中的优先学习目标达成一致。

	我们部门最重要的交付物（成果）	我个人负责的最重要的工作成果	若要达成更好的结果，要学习或改进哪些知识和技能	学习与发展项目中涵盖的目标收益	我想从这个项目中获得的是……
你的意见	• 增加营收 • 持续盈利	• 对现有客户和潜在客户的销售	• 更好的销售计划和库存管理 • 销售策略制定	• 制订销售计划 • 向团队及各类客户销售 • 确定最有价值的预期目标	• 能够通过指标的分解帮助销售团队更好地达成目标

表 1.3 填写样例：学习备忘录

动手做

说明：只有当你没有收到下属反馈的面谈总结，且培训必须参加时，才填写此表。

李瑛，你好：

非常感谢前几天你能够就即将参加的高效项目管理项目与我面谈。但是，我感到非常失望，至今我没收到曾让你准备的会谈总结。希望这并不意味着，你对参加的教育和学习项目没有用心。因为，你并没有按照我们会面时要求那样做。基于此，我总结如下。

我们曾经达成一致意见，为了提升你在时间管理（你和其他人）、RACI分析、商定的行动项目及辅导跟进等方面的行为表现，对你来说参加本次课程最需要关注的是如何召开高效的会议。

你也同意完成既定的学习任务，全心投入到培训项目中，并练习学到的新知识和新技能。我们曾经安排在 7 月 15 日早上 8:30 召开训后跟进会议，届时，我将请你分享你对该学习项目的反馈、你的体悟和洞察，以及为了改进绩效目标，你所制定的具体目标是什么。

程功

表 1.4 填写样例：学以致用的机会

动手做

说　明

1．用这个表格帮助你厘清学以致用的方法。

2．在第 1 列里简要总结你和你的下属共同认可的目标。

3．在第 2 列和第 3 列里，用头脑风暴法想出一些可以应用他们所学知识的机会。既可以是现有工作职责范围内的，也可以是一些额外的、特殊的工作任务或机会。

4．把任务排序，然后选出“个人发展”与“组织需求”尽量平衡的机会。

下属的目标	应用的机会	
	现有工作职责内	特殊任务或工作
1. 通过改进积极聆听的技巧来提升团队合作	• 向同事们要求一次“前馈”，察觉自己目前的行为给别人带来的印象 • 在工作中马上使用聆听原则和技巧	• 阅读“课后补充指导” • 完成“非语言沟通技巧”的在线课程模块
2. 深入理解市场营销原则，应用在部门的价值主张		• 阅读《定位》 • 领导一个跨部门的讨论组，定义我们的客户主张 • 参加市场营销每月课后回顾
3.		

表 1.5 填写样例：辅导计分卡

动手做

说明：在培训后 10 周时，将你与下属之间所做的有关学习效果转化的沟通次数填写进去。目标是每周至少两次（哪怕是简单地问一句“你的学习目标实现得怎么样了”）。

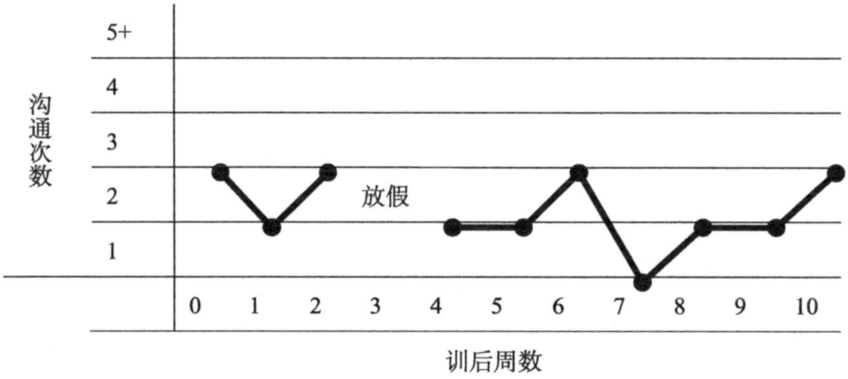

表 1.6 填写样例：目标评估

动手做

说明：以下是评估学习转化目标的一些关键标准，同时列出了当目标符合标准与不符合标准时我们应该做什么。

标　准	建议的做法	
	符合标准	不符合标准
☑**清晰** 一看就知道目标要达成什么	“你的目标写得十分清晰，很棒。”	“你需要修改一下你的目标，我看了之后觉得依然不清晰，不知道你要达成的具体目标是什么。请写得再具体一点。”
☑**重要性** 目标聚焦在了对此人很重要的绩效表现方面	“你选择了一个很重要的学以致用的机会。”	“我认为你并没有选择最重要的那个提升机会；我更希望你聚焦在……”
☑**时间性** 时间节点、里程碑和时限都是具体的	“你设定了时间节点，这样更有利于达成目标。”	“你忘记设定时间线了，请记得加上关键时间节点和期限。”
□**相关性** 目标与此人现在的工作或准备晋升到的下一个职位的职业高度相关	“我很高兴看到你选择了一个与现实工作目标相关的改进目标，这就把工作变成了实践场，让你不断提升。” 或者“我很高兴看到你的改进目标与未来你可能需要的技能相关。”	“我没有看到改进目标与你现在工作之间的重要关系，这会让你更难达成目标，你可以试着改一下吗？” 或者“你可以把改进的目标设置和你未来要承担的更高级别的工作联系起来。”

续表

标　　准	建议的做法	
	符合标准	不符合标准
☑**可衡量性** 目标包括对进步的具体描述及如何评价、证实进步的规定	“你对目标达成的关键指标给出了清晰的定义，就这样坚持下去，你可以做得更好。”	“你还没有定义好你将如何评价自己的改进成果。如何衡量？不衡量的话，你又怎么知道自己目标达成了呢？”
☑**张力** 目标不是很快就能达成的，与现有状况之间有一定的提升空间	“我看到你给自己设置了一些挑战，这样非常好，因为想要继续前进的话，我们总要向更大的挑战出发。”	“我发现你设定的目标对你来说挑战太小了。让人失望的是这样的目标太容易达到了。希望你设定更有挑战性的目标。”
☑**现实性** 目标在相应的时间内可以实现、也有相应的资源可以让它实现	“这个目标现在看起来只要你认真对待就可以实现。如果你需要支援，或者陷入没有预料到的困难，请随时找我。”	“你的热情让人钦佩，不过我担心你的目标太高，在现在的时间、资源下无法实现。你最好设置一些时间允许的可实现的里程碑。”

反馈如下

李瑛：

我收到了你在“高层管理能力提升”项目后制定的学习转化目标。你的目标写得十分清晰，很棒。你选择了一个很重要的学以致用的机会。你设定了时间节点，这样更有利于达成目标。不过，我没有看到改进目标与你现在重要工作之间的关系，这会让你更难达成目标，你可以试着改一下吗？

你对目标达成的关键指标给出了清晰的定义，就这样坚持下去，你可以做得更好。我看到你给自己设置了一些挑战，这样非常好，因为想要继续前进的话我们总要向更大的挑战出发。这个目标现在看起来只要你认真对待就可以实现。如果你需要支援，或者遇到没有预料到的困难，请随时找我。

程功

表 1.7 填写样例：跟进计划

动手做

学习者：李瑛　　　　　　　　管理者：程功

跟进计划：

☑ 1：10 月 10 日　　☐ 2：10 月 24 日　　☐ 3：11 月 7 日

☐ 4：11 月 21 日　　☐ 5：12 月 5 日

每到上述日期时，复制并完成下列表格，发送给管理者。

简述目标 1：通过提升时间管理能力，改进工作效率。

最近这个阶段内采取的行动：见了我的团队，感谢他们为我提供反馈，与他们分享了我的改进目标，并且询问了他们关于如何才能改进的建议、想法。

进步情况：☐ 无 ☑ 有所进步 ☐ 显著提升 ☐ 目标达成

下周计划：

早上我不会在检查我的任务列表之前先看邮箱，这样就不会掉进“紧急不重要”的“陷阱”。

简述目标 2：多花一点时间，关注我的高潜力计划。

最近这个阶段内采取的行动：回顾一下我的高潜力列表，按照潜力进行排名。然后看一下目前我把时间花在了哪里，找出几个关键的不匹配之处，并做相应调整。

进步情况：☐ 无 ☑ 有所进步 ☐ 显著提升 ☐ 目标达成

下周计划：

记录日志，看我的时间花在了哪里，时时对应我的“高潜力列表”检查；必要时，也调整一下列表的排名。

其他建议、问题、要求和期望：我希望和你一起回顾我的下属给我的测评，并讨论一下他们持续成长的问题。

表 1.8 填写样例：未来发展计划

动手做

学习者：李瑛　　　　　　　　　　管理者：程功

说　　明

1．在第 1 列写下三个你的下属可以改进工作表现的机会，用动词开始，如“增加”“开始”等，有时候最重要的事情可能是“保持”或者“继续提升”最近所学的技能。

2．在第 2 列写下一些与这些需求相对应的、有可能的活动。别只想着培训，因为你真的有很多选择，如在岗训练、特殊任务、辅导、各种形式的自学等。也不用想着你需要把所有答案都写上去，有时候你可以去问一下人力资源部门有什么建议，或者还有一个不错的办法，就是让你的下属自己去探索有什么办法可以提升自己。

优先发展机会	可能发展机会
1．在销售策略方面学习更多知识，并为自己的客户制定销售策略。	• “策略性销售”课程 • 试着从市场营销的角度思考问题 • 轮岗尝试市场营销 • 阅读相关书籍，并参与讨论 • 接受资深大客户管理者的辅导
2．学习如何更好地组织自己的演示材料，让演示更有逻辑、更吸引人	• 阅读演示文稿，提出意见，然后我们一起讨论 • 阅读《辩论的结构》

续表

优先发展机会	可能发展机会
3.	

表 1.9 填写样例：整体评价总结

动手做

说明：你可以使用这个模板总结一次学习与发展项目的整体结果，来完成整个项目。要让培训的钱花得值得，你得通过总结认可那些做出努力和取得进步的人，也指出那些浪费大好机会的人。

写给显著进步的人

李瑛：

感谢你在非财务管理者的财务管理培训结束后来和我探讨一些如何进步、如何在工作中应用所学知识的话题。总的来说，我真的很高兴能看到你取得了这样的进步，尤其是你学以致用了阅读财务报表和分析财务报表制定全面预算这两点。你能够朝着自己制定的改进目标不断努力，学以致用，展现出了你持续学习和成长的能力，这对你未来的职业生涯有着很大的好处，也值得我们敬佩和认可。

本着大家共同进步的精神，我们之前也对你未来几个可进步的区域达成了一致，包括：学习如何与团队建立共享愿景；为自己寻找并发展至少一位潜在继任者。你同意阅读《领导力》这本书，与我讨论相关话题，以及在未来 6～9 个月参加一个合适的领导力发展项目，以帮助你达成目标。

再次祝贺你取得的进步，也祝你能够继续不断前进。

程功

写给没能进步的人

王达：

感谢你在一线主管管理技能培训结束后来和我探讨一些如何进步、如何在工作中应用所学知识的话题。很遗憾，你没能向我们展示一些能够看出你通过学以致用来提升自己工作表现的实际的案例，而同时其他参与这个项目的人却做到了。

我发现其中你遇到了不少困难和挑战，包括你的团队人手不足，以及你的出差行程太满。但还是希望你能和之前讨论的那样设法克服这些困难并不断学习、成长，因为这对你的职业生涯真的非常重要。

如果未来还能有这样的学习与发展机会，希望你还是能投入更多的时间和精力，将学到的知识转化为工作实际应用，这样你也可以获得更多的回报，而公司也是。

程功

1
赢在准备
• 完成你的“作业”
• 见一见你的下属
• 阐明你的期望
• 未雨绸缪
• 为后续的行动责任及跟进做好计划
2
全情投入
• 多去问问
• 创造机会
• 反馈和鼓励
3
推动产出
• 共识目标
• 监督过程
• 评估成果
• 计划未来

[美] 安德鲁·杰斐逊 (Andrew McK. Jefferson) | 罗伊·波洛克 (Roy V. H. Pollock) | 卡尔霍恩·威克 (Calhoun W. Wick) 著
周 涛 田川农 译 | 张善勇 审校

将培训转化为商业结果·转化篇

(学习者版)
(修订本)

学习发展项目的6Ds®指导手册

Getting Your Money's Worth from Training and Development

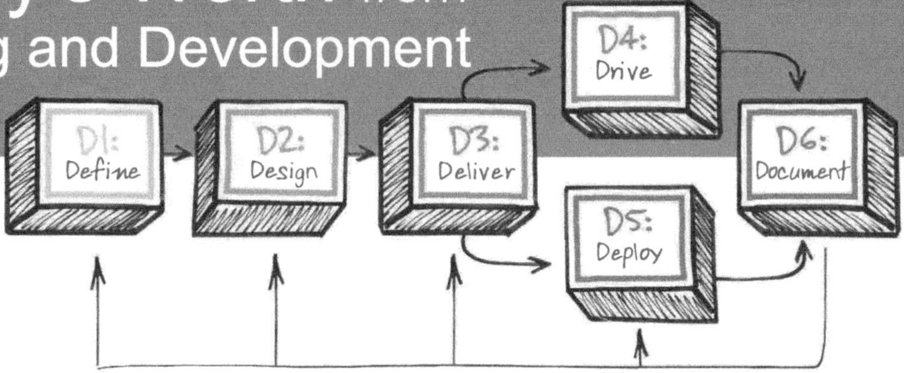

A Guide to Breakthrough Learning for MANAGERS and PARTICIPANTS

電子工業出版社
Publishing House of Electronics Industry
北京·BEIJING

学习者检查表

Checklist

如果你想从学习与发展项目中获得投资回报，请遵照以下行动。

	完成	日期	关键行动
做好准备	☐	____	填写表 2.2
	☐	____	与管理者沟通并探讨本次培训项目的计划
	☐	____	列出训前准备的任务并完成
	☐	____	1. ________________
	☐	____	2. ________________
	☐	____	3. ________________
全情投入	☐	____	专注于学习和反思，最大限度地避免不必要的干扰
	☐	____	尝试新的、不同于以往的互动方式和行动
	☐	____	真诚地与学习项目中的其他人进行交流和联系
	☐	____	将课程内容与自己的经验联系在一起
	☐	____	发表己见或用恰当的方式质疑以确保你获得价值
	☐	____	设定清晰且有挑战性的学习转化目标来提升绩效
产出结果	☐	____	与管理者面谈，重述自己所学并确保能够获得必要的支持
	☐	____	在三天之内开始行动
	☐	____	适时暂停、反省并记录自己的学习进度（至少五次，通过在线或纸质记录方式）
	☐	____	更新记录 1
	☐	____	更新记录 2
	☐	____	更新记录 3
	☐	____	更新记录 4
	☐	____	更新记录 5
	☐	____	请他人给出反馈和辅导
	☐	____	总结自己的成绩（写下来）
	☐	____	找出自己未来最重要的发展挑战（写下来）
	☐	____	与管理者分享自己的学习总结及下一步计划

如何使用本书

本书是一本告诉你有关“怎么做”的指导手册，它提供了精练、实操性强、经过验证的工具，并告诉你如何从学习与发展项目中获得更多的价值。本书篇幅很短，因为要从学习与发展项目中获得可观的回报并不是那么困难的事——只要你做了该做的事。就和生活中经历的其他事情一样，有投入才会有回报。

为了节省你的宝贵时间，我们把“必须知道的”和“最好知道的”内容进行了区分。我们已经把那些能够帮助你从培训中获得价值而必须做的事情列为表单。如果你本身就是一个目标导向的人，是那种喜欢“立即行动”的人，或者你现在时间紧张，那么请阅读一下“表单”栏目并完成 动手做 部分（在附录中有填写样例）。

如果你天生是分析型的，且对我们推荐内容背后的原理和数据有着抑制不住的好奇心，或者对自助式图书中的建议持怀疑态度，那么你可以读一下 他们说 部分。想一想 部分提供了一些特别建议和详细指导。问与答 部分回答了一些常见问题。

本书的另一部分是给管理者的建议：作为管理者，能做些什么，从而帮助提升培训效果，同时确保公司和部门为培训项目所花的钱有价值。有一天你也会成为管理者（或者你已经是了），所以我们建议你也可以看看本书的另一部分内容。

学习者手册简介

试想一下，当你因工作出色而获得认可、升职加薪或领导一个重要项目的时候，感觉有多棒！怎样才能获得更多这样的感觉呢？

答案就是，通过努力获得。

在绩效改进的众多方法中，有一种重要途径就是参加能够帮助你提升知识与技能的学习与发展项目。你现在阅读本书，也许因为你即将参与一个项目，可能是你自己报名参加的项目，也可能是工作要求需要参加的项目，或者是一个可以帮助你职业生涯发展的项目。你也许对参加这个项目很感兴趣，也可能有点忐忑，甚至觉得烦躁。不过这都没关系，你要做的就是将其作用发挥到最大，因为这个项目将要花费的不仅是老板的钱，更是你的时间。接下来就是你的选择：要么浪费这些钱和时间，要么努力从中获得最大的价值。

本书将告诉你如何从学习与发展项目中获得更大的价值，对你的个人发展负责，改进你的绩效，并为你带来更多收益。本书中的指导表单或许能帮助你（以及你的老板）从学习与发展项目中获得回报。

那又怎么样呢

为什么你要在意这项学习与发展项目，尤其是在你自己并未选择要参加

这个项目的情况下？

因为，接下来你要做的和你要学的东西可能会帮助你，也可能会影响你的职业生涯。要继续前行，你需要表现出你可以在工作岗位上持续地学习和成长，也就是公司对你的投资能够获得回报。如果你因无法改变、无法成长或浪费时间、浪费公司资源而“落下坏名声”，你觉得后果会怎样呢？

你所在的公司愿意投资于你，提供给你学习与发展的机会，
是为了改进你的绩效。同时表明，你是一只绩优股，
值得他们给予更多的投资。

每个人都可以进步

无论你多优秀，你总可以更优秀。世界上在各个领域（无论是在商业、运动、工程还是艺术）中绩效表现优异的人从未停止追求卓越的步伐。理所当然，你也不该停止。因为这是一个充满竞争的世界，宁在一思进，莫在一思停。

停滞不前，你将一事无成！
——威尔·罗杰斯（美国 20 世纪 20—30 年代著名喜剧明星）

表 2.1 可以帮你找到改进绩效的机会。

表 2.1 改进的机会

动手做

说明：列出三件你可以做得更快、更好、更有效的事情，它们会让你比现在更有价值：

1. ______________________________

____

____

____

____

2. ______________________________

____

____

____

____

3. ______________________________

____

____

____

____

原地不动可不是你的选择

你要面对的事实就是“其实你并没有什么选择”。你不得不在参加完项目之后表现出你已经有所进步了。

原因很简单，首先，即使你没有进步，别人也会进步，于是他们会比你表现得更有价值。

其次，你的管理者、同事会知道你去参加培训了。因为你可能需要他们给予反馈，或者需要他们暂时代替你工作，所以他们知道你参加了培训。

事实就是，你参加了培训项目，他们对你的期望就变高了。如果你的绩效并未发生变化，可能在他们眼中你的效能相对来说就变低了（见图 2.1）。

> 无论何时，只要你去参加了培训，大家对你的期望就会变高。

培训项目之后，别人对你的期望变高了。如果你的绩效保持不变，自然就落在后面了。

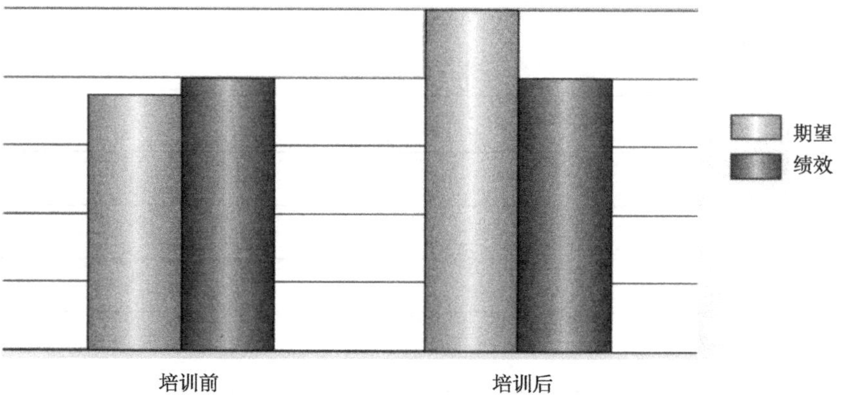

图 2.1 培训前后的比较

决定权在你自己

培训是否带来收益，决定权其实在你自己。如果你不去提升自己，恐怕怪不了别人，只能怪自己。即使培训项目不是最好的，你也总能从中学到东西；即使你的管理者没有提供他应该提供的帮助，你自己也总能做点什么。在这个过程中，你不是被动者，而是掌握主动权的人。公司已经提供了这样的机会，能否让钱花得值得，给自己带来回报，决定权在你自己。

> 所有的发展归根结底都是自我发展。
>
> ——彼得·德鲁克

目录

让学习物有所值的三把钥匙（学习者版）

要从学习与发展的机会中得到回报，你要做到：

1．做好准备

2．全情投入

3．产出结果

他们说 你需要做好准备

提前做好准备能够让你从项目中得到更多的收获，也就是说，能够增加你的投资回报率。

有证据表明，在培训前能够有意识地与你的管理者进行沟通，比那些在培训前与管理者从不沟通的人能获得更大的进步。

同样地，有研究表明，当我们决定想要学些东西，我们的大脑就会无意识地注意到相关的信息。当我们遇到与想学的东西相关的数据时，大脑会花更多的时间来处理它们。额外的处理过程让信息更容易记忆，这样未来也会更好地加以应用。这就决定了当你想学什么的时候，会让学习变得更容易。

经过精心设计的培训项目通常都包括“准备工作”——那些在培训课上可能被再次用到的阅读、测评或其他任务（有时称为“前置工作”）。完成这些任务对于培训来说也至关重要。目前已经有研究确认了这些工作的重要性。应用“间隔学习”可以大大改进记忆效果，也就是说，在多次回顾同一个主题时中间有一定的时间间隔，因此，如果你在前置工作和培训期间先后两次见到这些内容，你会更快、更完整地掌握这些材料。

1．做好准备

做好准备是你能够从培训项目中获得价值最重要的手段。做好准备的三部曲是：

- 想清楚你要什么
- 与你的管理者达成一致
- 完成训前准备工作

想清楚你要什么

如果你不清楚要从学习项目中得到什么，那么你通常得到的会比较少。不论你是自愿报名还是被派去培训，你都可以通过表 2.2 清楚地了解自己要什么，来增加你未来的收益。

就算大家参加同一个学习项目，表 2.2 的使用对于每个人也都是不同的。表 2.2 与你的工作职责、职业目标、兴趣爱好、过往经验和发展需求都息息相关。

想一想　两个学习者

两个学习者都来参加这个项目。其中一位学习者清楚地知道自己从项目中想得到什么，而另一位对学习项目的内容一头雾水。

这两个学习者谁更有可能收获更多？

对你而言，有什么启示？

没有人可以帮你完成你的表 2.2。学习项目的总体目标对你来说根本不够具体到足以帮助你填写这张表，也不足以指引你完成学习。因此，你最好花几分钟时间来弄清楚自己花去的时间要获得何种回报，这对你有好处。

表 2.2 “对我有什么好处”表

动手做

你的名字：______________

项目名称：______________

项目时间：______________

学习者填写指南

1. 在“我来填写”栏的第 1 列写下 2～5 条对你部门而言，学习项目最重要的交付成果（见附录样例）。你的团队为何存在？它如何创造商业价值？这一步是关键，学习与发展必须最终支持组织目标的实现。

2. 在第 2 列写下你负责工作的具体结果。这些都应该是你最在意的部分，与你的年度绩效目标紧密相连，但这些仍然值得你再回想一遍。

3. 在第 3 列，列出哪些可以改进你的工作，或者让你准备好进入职业生涯的下一阶段的支持内容。在你的工作领域中，高绩效的人在哪些方面胜过你？又有什么东西能够让你被认可、奖励和晋升？

4. 当你清楚地知道了自己的最佳机会，你就可以去看一下学习项目介绍和目标了。学习内容说的是什么？有哪些内容？会带来哪些收益？如果你不知道，就去找出来，在第 4 列里写下。

5. 把第 3 列和第 4 列中的内容结合起来，填进第 5 列。

6. 规划与管理者见面沟通的内容，准备和他讨论一下学习项目“对我有什么好处”。

管理者填写指南

1．检查你的下属填写的部分，结合你的观点来评价（最好结合你独立完成的表 1.2）。

2．与你的下属讨论意见一致或不同的部分。

3．用讨论结果和你的记录生成一个正式的或非正式的“学习合约”。

	我的工作中最重要的交付物（成果）	我个人负责的最重要的工作成果	若要达成更好的结果，要学习或改进哪些知识和技能	学习与发展项目中涵盖的目标收益	我想从这个项目中获得的是……
我来填写					
管理者的意见	□同意所写 □看我改的 □再讨论	□同意所写 □看我改的 □再讨论	□同意所写 □看我改的 □再讨论	□同意所写 □看我改的 □再讨论	□同意所写 □看我改的 □再讨论
评价					

与你的管理者达成一致

一旦你清楚地知道了自己想要什么，记得告诉你的管理者。把你填写好的“对我有什么好处”表给你的管理者。不要跳过这个步骤！

培训之前与你的管理者面谈，将会为培训结果带来积极的影响，也能让别人注意到你的努力。

问与答 要是学习项目对我没有明显价值，怎么办

如果你看过学习项目内容后，发现该项目对你来说并没有价值，你有以下几个选择：

如果是自愿报名，你可以选择不去，把省下的时间和钱用来参加另一个对你更有价值的项目。

如果是被要求去的，你可以试着把这个问题说出来。这可能不是最佳选择，因为这很难奏效（你是被要求去的，所以归根结底你不得不去），有可能你还会被贴上“不配合”“不积极”的标签。

如果这个项目看起来真的是浪费时间，和你的工作毫不相关、你已经参加过或者你在这个领域已经是专家了，就去和你的管理者谈谈。他可能（应该）会对这件事感兴趣，因为他看到你在很好地利用你的时间，所以他会帮助你质疑这个“要求”。

另一种选择就是在参与培训项目过程中，尽可能地想想你还能获得什么。比如，你可以借此机会梳理一下过去所学，也可以补充一些遗漏的部分和细节。如果是课堂培训，你还可以借此机会锻炼一下自己的人际交往能力，与不同区域、业务的人交流，或者把经验传授给他人，或者观察一

下讲师的行为，提高你自己的演讲与表达技巧。

简言之，你一定可以在培训项目中学到些什么，即使这并非培训设计者的本意。

在培训前与管理者面谈有很多好处。

第一，这是一个获得对你绩效额外反馈及辅导的绝佳机会。如果你想获得更多晋升或扩大工作职责的机会，你需要知道你的管理者觉得你可以在哪些方面提升绩效。

他们说　你该见一见你的管理者

你的管理者对你来说就是晋升、提拔和发展机会的守门员。他对你的绩效及学习能力的看法会影响你职业生涯的发展。你需要管理者的支持，需要他花时间提升你的技能，需要他给你提供更多成长的机会，如更多拓展的任务等。

因此，培训前与管理者的面谈有重要意义。你要确认与你的管理者可以在你的关键发展需求和机会这些问题上达成一致。

另外，有可靠证据表明，培训前与管理者面谈可以带来更好的结果。比如，Brinkerhoff 和 Montesino（1995）的研究发现，那些在培训前后与管理者面谈过的学员在后来的技能应用水平上比其他学员高出很多。培训师也发现了训前沟通的重要性，他们认为培训前与管理者的面谈对学习迁移的效果影响很大，这个影响甚至大过培训师自己！

第二，你需要获得他们的支持和认同来花时间提升自己。这些最好能够事先确认较为保险，并确保你把时间花在回报最大的那些方面，不要到头来发现管理者对重要性的认识和排序与你不同。

想一想 **为什么与管理者面谈会有帮助**

那些在培训开始前与管理者沟通的人更有可能完成学习项目、学习迁移和转化并学以致用。

为什么？这对你有何启示？

写下来

在和管理者面谈时，请将面谈内容写下来。当你把学习计划写下来的时候，你才有可能去实施。如果你和管理者的关系很“正式”，那就在面谈结束时填写“学习合约”（见表 2.3）。

表 2.3 学习合约

动手做

学习者承诺

为了确保在________________培训项目中能够最大化学习收益，我同意：

- ☐ 完成所有训前阅读和测评任务
- ☐ 全情投入，积极参与到课程中去
- ☐ 为将所学内容转化为实际应用制定清晰的目标
- ☐ 执行“将绩效改进进行到底”计划
- ☐ 汇报结果
- ☐ 与我的同事分享过程中的亮点和收获

☐ 其他：____________________

具体来说，在培训期间我会专注在____________上，以便日后可以改进__________。

签名：__________

日期：__________

管理者承诺

作为管理者，我同意：

1．参加学习项目中与管理者相关的训前任务。

2．在培训前与我的下属面谈，探讨培训中能够给予他的最重要的发展机会。

3．把下属从满负荷工作中解放出来，给他充足的时间完成培训。

4．尽我所能，减少在培训期间对他的干扰。

5．在培训后再次与他面谈并给他支持与辅导，一起讨论将所学应用于工作的情况。

6．给他示范我们期望的行为。

7．提供鼓励、支持，强化他的培训后应用。

8．提供下属实践新技能、新行为的特定机会。

9．提供持续改进与发展的建议。

我们的课后跟进面谈会安排在：______________

签名：__________

日期：__________

如果你和管理者的关系更偏向“非正式”，你也应该在备忘录或者面谈后立即发出的邮件里记录一下面谈内容、承诺等。表 2.4 提供了参考模板。

问与答 假如我的管理者太忙了，没法与我面谈，怎么办

每个人看起来都很忙，管理者尤其是这样，但大部分管理者还是会在繁重的工作中安排与下属的面谈。不过，如果你的管理者实在是压力太大，如期限迫近却未完成任务，或者你的管理者就是喜欢用邮件、电话这样的沟通方式，或者他们觉得培训这件事在重要程度上排不上号……无论如何，把你的“对我有什么好处”表发给你的管理者，请求一个短暂的电话会议或书面反馈。管理者如何安排取决于管理者的时间、习惯和偏好。

如果你的管理者还是太忙，那真是太遗憾了。你和你的管理者甚至你的公司也许要一起错过一个大好机会。记住，不要让你自己为管理者的错误买单，也不要让这个错误拦在你前进的道路上。找一位顾问，如某位你比较敬重的其他团队的管理者、某位高绩效员工或者某位人力资源管理者。找到对你的工作及绩效都足够了解的顾问，请他们给你建议；找到对于你的成功与否足够关心的顾问，请他们给你建设性的反馈（正面的和负面的）来帮助你集中精力，锁定目标并取得进步。

计划你的跟进面谈

最后，安排一次与管理者的培训后跟进面谈。在培训前的讨论中就把这个计划做好，日后会有收效。

表 2.4　学习备忘录

动手做

______________：

感谢你今天能安排时间与我面谈讨论________________培训项目事宜。

我们达成一致，为了改善我在__________________________领域中的绩效，我在培训中关注的重点是__________________________。

你同意留给我充足的时间参加学习，并尽可能地避免干扰；还会给我实践所学的机会。你也同意给我做辅导，以帮助我从你的经验和专长中受益。

我们计划在______________________安排课后面谈，届时我将分享我的课后感想、课程亮点及从我所学中进行改进的具体目标。

谢谢你的支持！

____

完成训前准备工作

大多数的学习项目——尤其是那些昂贵或漫长的项目——都会要求有所准备。准备工作包括阅读、自我评价、在线练习、反馈工具或其他种种那些培训设计者认为可以帮助你获得更大回报且非常重要的任务。准备工作是完整学习体验中的基本要素，也是你成功的关键。

> 一定要留出时间把训前任务完成。

工作越来越忙的时候，跳过培训准备步骤或者拖到最后时刻再做显得很有诱惑力。不过我们不得不指出，这是一种“假节俭”。也许你在课前省下了一小时，你却要在培训中浪费更多的时间，因为你没有做好准备。

做好你的准备工作

为了让你的投资物有所值，你需要的不仅是“做完准备工作”，而是“做好准备工作”。要做到这些，首先要有学习意愿。如果准备工作包括阅读，那么请集中时间深入阅读和思考。想一想有哪些问题你需要知道答案，在空白处写下来，提出与作者不同的意见和观点。如果有什么内容给你很深的印象，画出来或做个记号。联系实际，回想你自己的经历，来检验书中的观点。

你越用心阅读，对材料内容就越有心得，那么你所获得的信息就越扎实（见下面的他们说）。获得的信息越扎实，就有更多机会改善你的绩效水平。

用相同的热情和精力完成其余的训前准备任务，如果你坚持这样做，你就能够从学习体验中获得更多回报。

做好计划，也要按计划执行

制订一个计划，排好时间，设定提醒，以便完成你的准备工作。

1．列出本书提供的任务，可以参考使用表 2.5。

2．在日历上排定完成任务的时间。

3．按时完成它们。

4．拒绝一切拖延借口或马虎对待，把这些计划像其他业务目标一样对待。

表 2.5 准备工作计划表

动手做

说明：列出所有你被要求完成的训前准备任务。完成之后打钩或画掉，在评价栏里快速记录你的所思、所想和所得。

☑	截止日期	完成日期	任务描述	评　　价
□				
□				
□				
□				
□				

他们说 阅读的时候，投入很重要

多项研究表明，阅读时投入程度的多少会影响记忆的效果。投入程度越高，记忆效果越好。比如，那些事先带着问题去阅读的学生，比起其他学生更容易回想起看过的信息——因为他们一直想着如何解决问题，所以阅读更投入。

在此基础上，安德森推荐了 PQ4R 的阅读方法。

1. 预览（Preview）：浏览材料，弄清主题。

2. 问题（Questions）：思考各个章节中的问题，对每个标题都设想好问题。

3. 阅读（Read）：阅读每个章节，尝试回答自己的问题。

4. 反思（Reflect）：反思你读过的文字，试着结合自己的经历、自己过去所知道的东西理解它们。

5. 复述（Recite）：每读完一个章节，试着回忆起你读了什么。看看你是否能回答自己的问题，如果不行，再读一次（重复对记忆有很大帮助）。

6. 回顾（Review）：当你读完一篇文章后，在脑中回顾一遍并回忆关键点。

问与答 假如我没有时间做准备怎么办

许多年前，在电子通信的浪潮还未到来之前，彼得·德鲁克曾说：“你再也不会有充足的时间把所有重要的任务都做完了；你只有在有限的时间内将非常重要的任务完成。”

也就是说，你需要为你做的事情进行重要性排序。在你的列表中，位于顶端的任务应该是自我评价、360 度评价反馈及各种课前测试，这些对课程练习及行动计划至关重要。

你也许不得不略读材料，学会快速抓住重点；又或者你实在忙得连这个都无法完成，那就考虑一下是否有可能推迟参加培训吧。否则，如果勉强参加，你准备不足又容易分心，结果完全没有效果。

2. 全情投入

第二把钥匙是全情投入。不论你是通过竞争筛选才能参加培训，还是极不情愿地被人强行拖进教室，如果你不积极地全情投入学习项目中，你都可能失去很多潜在的利益和回报。

全情投入的五大要素是：

- 集中精力
- 走出你的舒适区
- 建立联系
- 把你要做的事情具体化
- 把故事讲清楚

集中精力

在学习的机会中想要有所收获，你要做的不仅仅是参加（在那里出现），而是参与（专注、关心）。

也就是说，你不仅要让身体出现在那里，更要把脑袋一起带过去，你要集中注意力。如果你只是在那里花大半时间摆弄你的手机、电脑，那么你几乎就等于没把脑袋带进培训项目中，而是把它用在了这些东西上。于是你的学习（以及之后的绩效结果）就悲剧了。

他们说 学习需要你完全的专注

人们往往过分高估自己的“多任务处理”能力。应用学习脑科学研究中心的总监约翰·麦迪那认为：“如果要做到专注，那么多任务处理就是一个神话。”

事实上，人脑在处理信息的能力上有明显的瓶颈。我们时时刻刻都在从感官中获得信息，显然我们无法处理这么多信息；也就是说，我们会过滤掉许多信息。我们需要专注于某些特定的信息输入，并将之提升到意识层面。例如，大部分时间我们都不会察觉皮肤的感官信息输入，如触碰到衣服的触感，以及我们自己手的温度。除非我们直接关注这些信息，或者这些感觉变得不同寻常、不舒服，获得了我们的关注。其他时间，我们都会选择忽略这些信息。

当我们把注意力集中在某一类信息上的时候，就总有其他信息要被忽略掉。人类能够同时关注的信息输入渠道少得可怜，想想你在吵闹的酒会上如何专注于你自己的对话而过滤掉其他人的谈话内容。有一个实验，研究人员给人们戴上耳机，并要求他们同时听两个完全不同的讲座（分别从左右耳输入）。当他们被要求专注于其中一个（如要求他们重复其中的一个），他们通常就难以记住另外一个耳朵听到的，就算一段话重复多次也是一样。这个实验显示了“过滤器”力量的强大。

另一个令人惊奇的实验是，当人们被要求专注于视频中的某一项特定动作时，90%的人完全无法注意到视频中出现了一个身穿大猩猩服装的人走到屏幕中间并捶胸顿足。

结论是，每当你把注意力从培训上挪开，转向你的手机、电脑等，你会自动过滤培训传递的信息，并且损失一些可能的收益。人类确实无法做到同时对多重信息簇的专注。真正的“专注于对话”是积极聆听和商业成功的要素。那么，不妨用培训项目锻炼一下你的“专注”本领吧。

与之相似的是，如果你每次课间休息都冲出去处理你的电话和邮件，那么你可能在以下两方面遭受损失：

1．你会分心，并可能错过下一章节的开头部分，有可能因为回来迟了，也有可能因为你的思想还留在其他事务上。

2．你与其他学员交流的机会变少，损失了向他人学习及与他人交流的机会；而这些机会几乎与培训内容一样重要。

你需要真正地参与培训，而不只是出现在那里。

把握好机会，尽可能地多学一些，为了避免打扰，告诉别人你在培训期间只限“紧急呼叫”，让语音信箱和邮件老实待在那儿直到培训结束。对你来说，这样可以免受手机铃声和邮件提示音打扰的选择应该是一种福气，而非无奈。

让我们这样看待这个问题：如果当你离开你的组织几天或者几小时，你的组织就会变得一团糟，那么就需要质疑一下你组织、授权和组建一支富有竞争力的团队的能力了。

思考！

为何不借用培训的机会喘口气，停下来仔细想想，而不是就这样麻木地做事，被动地反应？让你的团队成员在你不在的时候负起责任来，这也是他们成长的好机会。如果你不是管理者，不需要分配工作与授权，那也可以好好利用这个时间，利用培训这个完美的“借口”停下脚步。等你回去的时候，你会精力充沛地投入工作中，不仅如此，还会带着全新的想法和技能，说不定还会做得更好。

集中精力是一个自觉的决定：

- 不论之前是谁让你来到这里培训，自己主动决定把握眼前的好机会。
- 暂时怀疑一下之前自己从不怀疑的东西，打开你的思路，接受新观点、新方法。
- 拿出“空杯”心态，仔细倾听别人所说。
- 关掉手机、电脑，以及各种可能让你摆弄一下午的东西。
- 练习一下如何“参与”，对呈现在你面前的培训内容给予完全的关注，有助于你成为一个有效的学习者、管理者，也有助于你在生活中过得更和谐。

想一想　专注的重要性

你的另一半有没有抱怨过你没有听他（她）说话？你有没有遇到过，当你在与对方进行一次非常重要的对话时，不停地被打断或者对方同时在回短消息、回邮件，甚至分心注意着电视节目的情况？你有没有过在会议中神游以至于散会时记不起前面说了什么的经历？

这些经历证明人们无法同时关注和参与到两件事情中，只能来回切换。每次切换，你都会损失一些中间的信息。

所以现在想想，当别人关注你所说的话和不关注你所说的话时你的感觉。通常在糟糕的感觉中，“被忽略”是排名很靠前的。如果能够做到关注对方并真正参与到对话中，你会成为一个更好的领导者、朋友和合作伙伴。

走出你的舒适区

人际交往技能可能是影响一个人职业生涯发展的重要原因。把握培训项目的机会，改进你的人际交往能力，这就是培训项目带来的附加价值，往往这些目标和收益并没有写在培训项目介绍上。

要做到这些，你就需要走出你的舒适区，有意识地改变一些习惯。如果你平时一直很外向，试着把嘴巴闭上一会儿。如果你一直很内向，试着把嘴巴张开，大声说出你的观点。如果你平时在众人面前不自然，就去参加角色模拟的游戏，主动回答问题（不要太在意答案的对与错）。在培训中参与游戏、竞争，平时谨慎的人可以抓住这种机会冒点风险（反正是模拟的）。多尝试几种不同的沟通方式，因为平时工作时你恐怕不会有这种机会。总之，什么没试过，就在培训时试试看；怎么不舒服，就借此机会体验一下，看看会有什么不同的收获。

不可否认的是，我们都爱面子。我们喜欢每次都能回答正确（就好像自己是个专家），特别是在同事、下属或者管理者在场的时候。没人喜欢丢面子，在众人面前说错看起来真是蠢透了，特别是我们之中还有很多人早在小时候就留下了某些做错的、说错的“伤疤”记忆。

我们的建议是——克服它。

如果总是缩在后排让别人做练习、回答问题、领导团队，长此以往止步不前，你就无法从培训中获得真正的、充分的价值。培训教室是一个试验不同互动方式的绝佳场合，而培训现场是商业世界中为数不多的不会让你受到真正惩罚的地方。甚至犯错还会帮助你加速学习过程，那么就去试试犯错吧，你会从中学到宝贵的经验。

用“挑战自己”表（见表 2.6）来设置对自己的挑战，用培训来尝试一些处于你舒适区之外的事物。如果你发现用不同的互动方式得到了更好的结果，那么就把它拉到你的新舒适区范围中。

表 2.6 “挑战自己”表

说明：阅读下面的描述，选择一些新的互动方法在培训中做尝试。之后，记录下你的观察（结果）及之后的计划（多尝试这样的方式或少尝试）。

类　别	我通常的回应	我会尝试	结果	之后的计划
应对问题/团队报告	□ 马上插话	□ 有意识地鼓励他人来说		□ 以后多做 □ 以后少做 □ 其他_____
	□ 躲在后面让其他人回答	□ 自己先回答		□ 以后多做 □ 以后少做 □ 其他_____
角色扮演和演示	□ 马上自愿报名，享受领先一步	□ 先停住，鼓励他人先上		□ 以后多做 □ 以后少做 □ 其他_____
	□ 不想被选中做演讲	□ 自愿站起来上前演讲		□ 以后多做 □ 以后少做 □ 其他_____
团队工作和练习	□ 马上跳出来成为小组领导	□ 有意识地鼓励他人成为领导者		□ 以后多做 □ 以后少做 □ 其他_____
	□ 支持他人，但自己不做领导者	□ 站出来承担起组长的职责		□ 以后多做 □ 以后少做 □ 其他_____

建立联系

参加学习项目绝对是帮助你拓展以下这两种网络的最佳时机：

- 人际网络
- 知识网络

与人们建立联系

与其他部门、区域乃至公司的同事建立联系的机会可不是常有的，这是培训的另一项没有写在课程简介里的收益，请好好把握这种机会。

有意识地坐在你不认识的人边上，介绍你自己，了解他们的情况。

拓展你的人际网络可能和学习项目本身一样有价值。拥有一个庞大和多元的人际网络会助力你的商业成功。

他们说 人际网络的重要性

拥有一个稳固健康的人际网络是一种优势。

在你的职业生涯中，你认识的人和认识你的人是你成功的要素。有一个广泛、优质的人际网络就有了获得信息、结识人脉、获得资源、帮助解决问题和创造机会的可能性。

麻省理工学院《斯隆管理评论》的一篇文章写道："真正让你区分出高绩效员工的是他们维护和影响自己交际圈的能力。最有效的知识工作者会建造他们自己庞大的、多元的交际网络，在这个网络中的人来自各行各业且经验丰富。"

根据纽约的 BH 职业国际公司研究发现，只有 20%可获得的工作职位是在求职广告上看到的，因此更多的职位招聘都是依靠人际网络得到的。

建立人际网络并不仅是为了找工作，人际网络是商业环境、关键信

> 息和合作机会的重要资源。你常常需要来自其他部门的信息。如果你的人际网络中恰好有人在那里，那么他们就更有可能会帮到你。社交网络对创造、创新也有很大的作用，多元化的想法通常来自那些不走寻常路的人。因此，你需要在人际网络中纳入来自不同领域、公司甚至不同世界观的人。
>
> 社交网络对个人健康也有很大作用。社交网络的大小与人的健康幸福有着紧密关联，其作用的大小可以与体重、血压及体育活动相提并论。

如果你努力尝试与他人建立联系，你可能会发现这些机会：服务客户、额外建议、流程改进，甚至一些崭新的业务想法。如果没有这么做，你可能永远都不会发现这些有价值的东西。当你开始与来自各方的人互动时，你就为自己打开了很多扇门。

> **想一想　关系的价值**
>
> 你更倾向于帮助谁？更倾向于与谁分享信息？一个陌生人，一个曾经在培训现场见过的人，一个在培训现场与你一起做过练习、午饭的时候还讨论过很多话题的人？哪一个？

为了让你获得更多的人际沟通连接机会，至少在培训时为三个现场的同学填写“人际交往”表（见表2.7）。

联系点

学习新知识是一回事，记住所学知识又是另一回事。大多数人总是更擅长学习，但不太擅长记住学过的东西。

这里提供大家四种提高记忆的方式：

- 找到知识联系
- 画出关系
- 间隔学习
- “烂笔头”

（1）找到知识联系

找到知识联系是一个积极寻找新内容与固有经验联系的过程。

当你听、读、讨论、练习的时候，为自己举几个例子出来。尝试把过去知道的、学过的、经历过的与现在所接收到的信息联系起来。这些过去的经验可以是对现在的强化，也完全可以与现在所接收的信息相悖。我们可以用这样的一些句子：“这就像……”“这让我想起了……”“我明白你的意思了，因为我曾经……”“这和我所知道的倒是不太一样……”

这非常重要，因为联系越多（如联系你的知识与经验），未来你能记住的就越多。

（2）画出关系

你可能想要尝试用“思维导图”的方式替代项目符号罗列的方式来记笔记。用不同的颜色、图片、线条、箭头，任何有可能帮助你将知识联系视觉化的东西，你都可以画下来。很多人在回忆时都发现，回忆起一些图画和“思维导图”要比回忆起文字笔记轻松很多。我们在图 2.2 中画了一个示例。

表 2.7 “人际交往”表

动手做

说　明

1. 尝试在培训现场新认识三个人。在休息、吃饭的时间与他们聊天，完成下面的表。

2. 除了每个人的名字之外，要知道他的工作——不是指头衔，而是工作内容。然后找一些有意思的话题，如兴趣爱好，建立起联系。

3. 找找你们的共同点。比如，相似的工作经历、喜欢的食物、去过的地方、家庭背景，或者其他的共同点。

4. 最后，想想潜在的业务联系。他可能会是一个很好的顾问，一个可以招聘的人，一个合作者或者其他角色的有价值的人。这种资源是宝贵的，关键并不在于你最终是否真的去寻找这些潜在的商业机会，而更在于训练自己寻找这些机会的能力。

姓名	他从事何种工作	关于此人的一些有意思的事	你们两人的共同点	潜在的业务联系

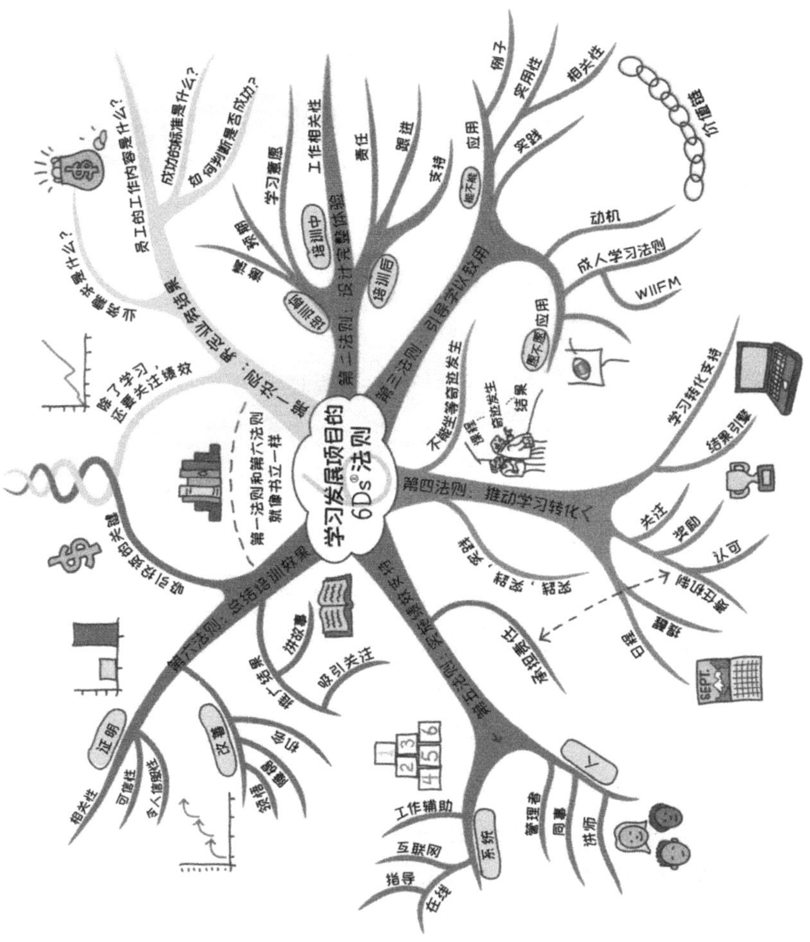

图 2.2　学习发展项目 6Ds®思维导图

他们说 “间隔”有助记忆

练习对记忆效果的提升很多人都知道，而且可以被预测。每次我们都在使用记忆的“路径”记住事物，它能够帮助增强记忆和改善记忆的效果。我们称这种练习与记忆之间的关系为“学习幂律”。从记忆中回想一些东西所花的时间与练习所花的时间是一种对数函数关系。

不仅如此，实践练习还能让记忆更好地保留下来。“遗忘幂律”就是描述实践练习与记忆之间关系的定律。练习越多且间隔时间越长，能够回想起来的就越多。“事实上，在特定的时间间隔之中反复接触信息，可以让记忆更牢固地定格在脑中。”

塔尔海默回顾了间隔学习的研究，并且总结道：

1. 刻意设计的重复是非常有效的方式。
2. 如果目标是长期记忆，那么间隔学习就是有效的方法。
3. 间隔帮助把遗忘的部分减到最低。
4. 通常来说，较长的间隔会比较短的间隔更有效。
5. 一次性的项目很少能产生真正的学习。

（3）间隔学习

把你的学习变成间隔学习，可以更好地帮助你掌握所学的主题。间隔学习的价值是最常被研究的课题（见上面的他们说）。

如果你可以每过几天或几周就回顾几次课题、思维导图、阅读材料等，你将开始进行更深的、更持久的学习，这和一次性的项目有着天壤之别。如果项目持续若干天，那么找到你之前的笔记、思维导图，好好发挥间隔式学习的效果。找机会把项目刚开始时学到的东西和项目进程中学到的合并起来。

（4）“烂笔头”

最后，花些时间整理你的笔记，最重要的是把它写下来。写下来的过程

对你记忆的帮助非常大。

有一种很好的习惯，就是当每个章节结束你要休息的时候，先停下来想一想，然后写下这些问题："如果项目现在结束，我能找到哪些有用的东西？收益是什么？"填写一下"对我有什么好处"重述表（见表 2.8）。

表 2.8 “对我有什么好处”重述表

动手做

说明：在每节课或每个主题完成的时候，花几分钟完成下列表格。

主题/章节	好主意 （那些我能用到的好主意）	未来的收益

问与答 要是培训看起来对我没用，怎么办

你参加了培训项目，你就投入了时间。在现在的商业节奏下，这个时间是非常宝贵的。因此，你有理由期待你的投入有很好的回报。在培训面前，做一个谦恭但要求很高的顾客是你的权利。

如果你做了功课，清楚自己想要从培训中学到什么，全情投入了课程，但项目还是没有为你带来价值的时候，那就非得做些什么不可了。

要做的这些，得从“说出来”开始。如果你发现培训项目与你的业务需求其实不符，就要说出来，和你的同学们讨论这个问题。如果你是教室里唯一有这种问题的学员，就找课间的机会与讲师或同事沟通一下这个问题。如果其他人也遭遇这个问题的话，那么你提出的问题就会让大家都受益。

抑或课程内容是相关的，但是你早就全都知道了，这该怎么办？一般情况下你不太可能“全都”知道，你还是可以学习一些补充的、细节的、遗漏的或者换一个角度来看待这些内容。但是也会有这样的情况：你所知道的和老师知道的已经相差无几，以至于与你投入的时间相比得到的回报太少了。如果是这样的话，你还有几个选择：如果这是你自愿报名参加的项目，你可以礼貌地退出（告诉别人你报名时选错了课程）；如果这又是一个强制参加的悲剧，也不用抱怨，利用这个机会试着教别人你所学的东西，你可以强化自己的所学，也为公司做了更多贡献。

最后，就算在管理最好的公司，也总是有设计不好的课程项目或教授不佳的项目。不论你在公司内部是什么职位，你都有责任对此做些什么，不要一走了之或抛诸脑后，否则会让更多同事再来浪费时间。这时候需要来点适度的“捣乱”，在你的评估表上写明你的观点，别偷懒都打上中等分数。回去之后别忘了和你的管理者和培训管理者表达你的失望和担忧，

给出建设性的反馈（批评）或建议，使下次项目有希望做得更好，与工作更相关，也更实用。在培训面前，别忘了你是一名顾客，你用你的时间买回培训，你当然有权利发表你的观点。

把你要做的事情具体化

学习的价值完全取决于你之后会做什么。学而不用，那只是浪费大家的时间和金钱。

让你的钱花得值得，你需要设立清晰的目标并设定具体的行动计划，把所学应用到工作中。这就是目标设定与行动计划被许多项目所采纳的原因。即使目标设定不是正式培训项目的一部分，你还是能自己设定并从中获益（见下面的他们说）。

他们说 设立个人目标

设定一些对个人有意义的目标是许多工作成功的要素。

比如，优秀销售人员的一项典型特征就是他们会自己设定一些具体的、很有挑战性的业务目标。这和清晰的个人志向有着很大关联，和他们想要实现的愿景、收获的回报有很大关联。各个领域中的杰出人士（不论是做生意的、下棋的、搞体育的或是搞艺术的）都会持续设定不断提升的目标，他们从不会停止他们追求更好的脚步。

白纸黑字的具体目标是非常重要的。如果你想把事情完成，根据生产力专家戴维·艾伦所说，你需要把它们纳入一个系统。把目标从脑中拿出来、写下来是取得成功的第一步。创新领导力中心的戴维·坎贝尔这样说道："如果你不知道你要去哪里，那么你的旅程永远到不了对的目的地。"

> 你的目标应该是对自己有意义的，但不代表这是隐私的。把你的目标分享给别人听，因为这么做你就更有可能实现它们。“社会心理学家很久以前就发现，如果一个人做出承诺并分享给朋友，他守住承诺的可能性会比没有分享给朋友时大很多。”

选择 1～3 件你想要应用的新知识或技能，把它们写进你与管理者的学习合约中。任何时候，只要有可能的话，把你的新目标与固有工作目标连接起来，如此一来你就把原有的工作目标变成了新技能、新知识的“练习场”，而不用写一些新的“待办事项”了。

如果你的培训课程并未提供一个填写目标的表单，你可以使用表 2.9。可以使用检查清单来评估你的目标是否达成。

一旦你确定了应用所学知识的目标，也想过了你可能要应对的挑战及需要的协助，你就已经准备好进入第三步“产出结果”了。在你回到工作之前，要先“把故事讲清楚”。

把故事讲清楚

当你回到工作中时，你就有机会展示投入时间和精力所学的东西了。这也是一个你可以继续学习和成长的机会。如果你想要得到更大的责任、更多的尊重，这一步至关重要。抓住这个好机会，做个精心准备的“电梯演讲”。

“电梯演讲”最初是从施乐公司开始的。他们假设一个高层管理者走进电梯，然后对你说“来跟我聊聊你有什么好主意”，你大概有 30 秒的时间在电梯从底楼开到四楼前来阐述你的想法。如果你能快速、清晰地表达你的主旨，不论是对你的这个“主意”还是对你的职业生涯都会大有裨益。相反，如果你在电梯门再次打开前没法说清，那么这个机会可能就永远与你擦肩而过。

表 2.9 学以致用的目标

动手做

说明：如果你的培训项目中没有包括学以致用的目标，那就完成下面的这张表。挑选 1～3 条你想要应用的知识、技能，想一想为了达成目标你要从哪里开始，会遇到什么障碍和需要什么帮助。

目标 1

在未来的_______（月/周）里，我会__________________________（具体描述你想实现的目标）。

对我及我的组织来说，达成目标会得到的收益是：____（解释你行为的价值）。

衡量取得进步或最终成功达成的证据包括：____（确定指标和衡量方法）。

我回到工作岗位后立即会采取的行动是：

1. ____
2. ____
3. ____

潜在的障碍，以及最大限度减少障碍的计划：

潜在的障碍	我的计划（消除或者减少障碍）

综上，为了达成目标我需要的支持是：

需要的支持	谁

目标 2

在未来的_______（月/周）里，我会__________________________（具体描述你想实现的目标）。

对我及我的组织来说，达成目标会得到的收益是：____（解释你行为的价值）。

衡量取得进步或最终成功达成的证据包括：____（确定指标和衡量方法）。

我回到工作岗位后会立即采取的行动是：

1. ____
2. ____
3. ____

潜在的障碍，以及最大限度减少障碍的计划：

潜在的障碍	我的计划（消除或者减少障碍）

综上，为了达成目标我需要的支持是：

需要的支持	谁

按照以下标准检验你的目标设定：

☐ 我定义了不超过三条目标。

☐ 这些目标都需要我应用新学的知识、技能。

☐ 这些都与我目前的工作重点相关，我能把现有工作变成我的“练习场”。

☐ 目标都很具体，包括时间。

☐ 在现有时间条件下，这些目标不是太难实现，但也不是很简单。

在培训后，你的管理者和同事可能会问你有什么可以分享的。你要抓住这个机会，你需要简明扼要地阐述你学到了什么、你打算怎么应用、对你和你的团队有什么好处。如果你说不出的话，那么一个良机又被你浪费了。

完成表 2.10。在你回到办公室之前，试着“把故事讲清楚”。你想告诉别人的重点是什么？你的目标、你会带来的价值是什么，以及你需要什么协助？在填写的时候问问自己这些问题。

表 2.10 电梯演讲

动手做

说明：填写下面的四句话，时间允许的话和你的一个搭档一起准备一次电梯演讲。

1．我所学到的最重要/冲击最大/最有洞察力/最有价值（选其一）的是：________________________________

____

____

____

2．我会在今后应用到：________________________________

____

____

____

3．给组织带来的收益是：________________________________

____

____

____

4．为了达成目标我需要的协助是：________________________________

____

____

____

3. 产出结果

培训结束的时候才是真正学以致用的时候。你的准备、你的参与，一切的一切都是为了这一刻。再好的讲师、再好的准备和参与过程都有可能变成一场空，而让它们有价值的办法就是学以致用。

多年来，大多数组织都把培训项目的最后一天当作培训的终点。学员拿到证书，课程结束，皆大欢喜……通常就没有然后了。

现在，绩效要求及投资回报率的压力越来越大，终点线终于被重新界定：岗位成果。别以为上完课就结束了，除非你转化你所学内容并应用于工作，改进了自己的绩效，否则无法达到项目的预期。

产出结果的关键是：

- 重新联系
- 马上开始，坚持不懈
- 获取你需要的支持
- 做得更好
- 做好准备，再次出发

重新联系

当你回到工作中时，即使你只是短暂离开，你的首要任务依然是与你的管理者和同事重新建立联系。

第一天是非常重要的。这一天，人们会对你的培训经历非常感兴趣，他们会来问你问题。这是一个展示你的“电梯演讲”的好机会。你可以四处游荡一下，让人们有机会看见你并问你这些问题。机会转瞬即逝，不要守株待兔。如果你错过了第一天，人们就有可能忘记了这件事，那么你的机会也就不见了。

分享你所学的东西

把你的经验与其他人关联起来对你也有很大的好处。教别人的过程也是最好的学习过程之一。当你告诉同事你所学内容的时候，可以试着解释一个关键概念或者你的见解，你能获得的收益绝不比他们少。你甚至可以写一张备忘录给你的同事，把你认为对你们部门最有价值的可以应用的知识点分享给他们，或者在开会、吃饭的时候做个简要的讲解。你将收获：

- 准备和传递的过程可以强化你对内容的理解；
- 你可以帮助你的同事取得进步，对每个人都有好处；
- 你会被大家评价为有领导力的人、好的学习者和合作者，这些称号都很有价值。

记得说声“谢谢”

如果学习项目中涉及你的同事、下属或者管理者的反馈，记得跟进这些反馈，并感谢每个人为你所做的贡献，这也是非常重要的（见下面的他们说）。

他们说 记得跟进那些提供反馈的人

当人们花了时间和精力为你提供宝贵的意见和反馈时，很多人期望了解对方是否收到了这些信息。如果你能够表示感谢，那是再好不过的事情了。他们同时还会提高对你可能改进方面的期望，或者他们希望你会对此做些什么。你的后续改进行动会影响到他们对你的潜力的判断。

有研究人员分析了超过八家公司的 11 000 名收到他人反馈并接受领导力培训的管理者。他们跟踪调查了这些人的领导力效能的改变，判断的依据是数月之后同事在反馈调研中提供的信息。他们也评估了这些人与反馈提供者进行跟进讨论的程度。

他们发现，跟进反馈与效能改进是明显的正相关。那些积极采取跟进措施的领导者，大多被给予“大有改进”的评价，而不采取这些措施的则要少许多。研究人员概括道：“不采取跟进措施的领导者没有进步。”

你的底线是：要变得更有效能——至少让人觉得你更有效能——你就需要采取措施，与那些花时间给你反馈的人讨论一下，从说声“谢谢”开始。

你的同事也投入了时间和精力，他们对结果当然会感兴趣，你好歹要给他们一个交代。所以在讨论之前准备好几个关键主题，然后再让他们提出“前馈”（见下面的?问与答）。

?问与答 什么是前馈

反馈由观察及对过往行为的反应组成。相反，前馈关注的是未来——是关于你未来可以采取的改进绩效不断前进的行为的。我们改变不了过去，但我们可以创造未来，不如看看前馈。前馈是行动导向的，不带个人色彩的，也更易被接受的。

当你从一个包含360度反馈的培训项目中回到工作岗位时，与人们分享你所学的内容及你的行动计划，然后向大家索要一些前馈。

描述一个你想要改变的行为（这个行为通常是能够产生巨大正面影响力的）。

- 然后向别人要一些前馈——1～2条帮助你实现行为改变的建议。
- 留心倾听，做好笔记。
- 不论你怎么看待这个建议，不要加以评论（不论是正面还是负面的），只需要谢谢这个人。

你需要别人的帮助与支持才能让你更好地学以致用，尤其是当你对新方法还不熟悉的时候。把你的目标告诉大家（在正式和非正式的场合都这么做）是对你实现目标意义最大的事。

特别需要注意的是，你要与你的管理者重新联系起来，因为他对你是否能够达到目标包括你的职业生涯目标都有深远的影响。

理想状态下你应该已经设定好了与管理者的培训后跟进面谈，如果没有的话，现在设定。发出会议邀请：“我最近参加了_______培训项目，我诚挚地邀请你与我进行一次面谈，就训后我该如何学以致用、创造价值及需要什么协助等事宜进行沟通。时间是____________，地点_____________。”用表 2.11 来帮助你准备这些。

表 2.11 课后面谈

动手做

说明：尽快准备与管理者的课后面谈，修改一下你的“电梯演讲”就可以用了。

如您所知，我在______________参加了______________学习项目。总的来说，我觉得这次培训经历__________________。

其中最有价值的是：____与我们先前讨论的______（相同/不同）。

我准备学以致用的目标是：

1. ____

2. ____

我觉得对部门带来的收益可能会是：________________________。

我觉得在达成目标的过程中遇到的最大挑战可能会是：____。

所以，我希望能够获得支持______________________________，谢谢！

您还有什么建议吗？

如果你参加的学习项目使用电子化的学习转化管理系统，你的管理者可能会自动收到你所设定目标的副本，但你还是应该去面见他，或者至少打个电话聊这些内容。

问与答　假如管理者太忙了，培训后依然无法与我面谈，怎么办

如果你的管理者还是太忙了没时间与你面谈，我们的建议依然是：不要让这件事阻拦你的成长与发展。写一个备忘录，提议一次面谈，马上发送给你的管理者。

如果你的管理者总是这么忙，这是关键管理职责的缺失，不是你的错，所以你就更不要坐以待毙。再找个导师，找个你认同的、真心希望看到你成长的导师。

最终，你总是可以找到另一个人愿意花时间来和你讨论这些。

马上开始，坚持不懈

早一天应用，早一天获益，越快越好。新学的知识可能如昙花一现般，你不使用，它就会被遗忘（见下面的“他们说”）。拖得越久，你记住的就越少，那么就越难开始使用这些学来的知识。

他们说 你要立即学以致用

尽快开始应用你所学的东西。新知识在头几天中消失的速度非常快，图 2.3 展示了“遗忘曲线”。正如你所看到的，记忆的信息消失得非常快。因此，从一开始就使用你所学的知识是极其重要的。分享自己的见解、方法和经验教训是强化记忆的好办法。

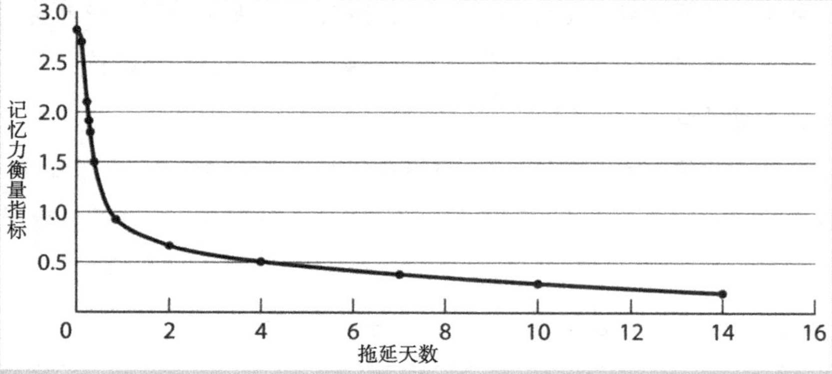

你在学习之后拖得越久不去实践，遗忘得就越多。

图 2.3 遗忘曲线

即使你可能累积了一些没有回复的邮件、消息或任务，你首先要做的还是应用你学到的东西。从你确定的目标中最先要做到的几件事开始。之后记录下你做了什么，以及结果（如果你参加的学习项目没有使用在线学习转化管理系统，就试试表 2.12）。

表 2.12 第一步

说明：写下你最先要做的三件事，记录下完成的时间和你的经验。

☑	最重要的“第一步”	完成的时间	结果和经验总结
☐			
☐			
☐			

坚持

好的开始是成功的一半，但也仅仅是一半（而一半的成功都还称不上是成功）。真正的进步是一段时间内的持续努力换来的。

在对商业、体育、艺术和其他领域的突出表现者的研究中也能看到相同的结论：“伟大”的和“还不够伟大”的人们之间最大的区别就是他们接受辅导、努力练习的时间投入不同。

他们说 实践比天赋更重要

当全世界的研究者聚集在一起讨论“专家技能是如何炼成的”这个话题的时候，他们总结道：“天赋”的作用被过分高估了。相反，无论是在艺术、科学还是运动等领域中的专家技能的形成，最明显的特征是他们投入大量的时间在不断地实践和练习。

这种实践练习是一种有意而为的重复，既关注了技巧，又关注了结果。有意识的练习包括对自己表现的不断反馈与反思。不断思考什么东西能够达成目标需要持续坚持，什么东西阻碍了目标的达成需要尽量避免。

杰弗里·柯文在《财富》杂志上写道：“不管是科学研究，还是坊间传闻，大部分的证据都指向了——刻意练习与实践会带来更好的表现。”他接着问道：“你该如何在业务中实践练习？”答案是：“所有你现在做的事情——在工作中实践的事情，都要为了自己的新目标持续改进，而不仅仅是完成既定的任务。”

为了改进绩效，你需要连续数周有意识地练习学到的知识和行为，并积极寻求反馈。

关键是为实践和练习设定一个计划，并严格遵照计划执行。在你的日历系统中设置好提醒功能，让其他人也帮助提醒你。这些都是为了你个人发展的目标得以实现而做的努力。

如果你使用的是电子化学习转化与跟进管理系统，每两周或四周你都会收到自动提醒，要求填写学习进展情况、反思及下一步计划。当提醒你的时候，请停下手边的工作，抓住这个机会重新审视自己的目标，并重新积聚获得能量。在这些过程中，你拖延得越久，就越难重新回到这个过程中。

如果你没有这样的系统，请在自己的日历中创建这样的提醒，每次停下来做好反馈并写下：

- 我已经做了哪些可以帮助我实现目标？
- 我取得了哪些进展？
- 接下来我需要做什么？

如果你没有在线跟进系统，使用表 2.13“学习进展图”来跟进自己的学习过程。把它贴在你的办公桌前，这样你就不会忘记它，每过一段时间对所学内容进行反思。

说到发展，就好像在一场竞技中，稳定持久的一方才能获胜。在相当长的一段时间内，保持坚持的精神，要比在一开始就能量爆满重要很多，否则能量一旦用完，你都来不及建立新的习惯，那么就前功尽弃了。

表 2.13　学习进展图

动手做

说明：每隔一周，请使用本表列出为了达成拟实现的目标所做的努力。把这个表放在你办公桌的显眼位置。

实现了目标 取得显著进步 进步了一些 进步得很少 什么都没有					
记录：					

周数：0　2　4　6　8　10

———— 目标 1　　- - - - - - 目标 2

获取你需要的支持

没有运动员可以不需要教练就赢得奥林匹克奖牌；没有从未向大师学习过的音乐家可以在卡耐基大厅演出。在自己的业务领域做得最出色的人往往都有自己的导师（见下面的"他们说"）。别想着全都自己来，适当地向外求援可以帮助你成长得更快，发展得更好。

虽然听起来是矛盾的，但是个人发展实际上是一种团队运动。你需要别人的意见和建议才能做到最好。所以和你的同学、管理者或者其他值得信赖的顾问交流。寻求他们给你提出建议，帮助你检查进展情况以及明确未来计划。这就是各个领域的顶尖人物会做的事。

他们说　导师与教练的意义

经过导师辅导的人会获得更多的晋升机会、更高的收入，以及更好的工作灵活度、职业满意度。

导师的重要性跨越各种工作领域。比如，有导师的专业人士往往会在组织内获得最高等级的职业成功。有导师的管理者在"可晋升性"方面的得分往往更高。另外的研究也表明，护士的导师和他们的学徒也都获得了更高的职业成就及职业满意度。

信得过的导师可以提供职业和心理的支持。他们可以在你的职业转型期扮演关键角色，帮助你看清面前的挑战及自己的优劣势。导师也可以在许多危急时刻提供其他支持和体谅。事实上，很少出现没有导师指点就能够获得卓越绩效的人。

找到信得过的教练或导师，也是为了让你把培训的钱花得更值得的重要环节。

其他支持还来自书籍、文章、课程材料、在线信息、老师、同学及专业教练。如果你参加的项目使用了电子化跟进支持系统，这些支持就已经包含在该系统中了。你可能还会得到推荐的阅读材料、接触主题专家的机会或者其他支持系统和材料。表 2.14 可以帮助你厘清各种支持资源。

如果你把他人也当作支持来源，那么你需要先确认他们是否同意扮演那个角色。记住，当某人同意成为你的教练或导师时，就意味着那个人承诺用他自己的时间投注在你身上。如此一来，你最好也能讲信用，如你们原先达成的共识一样，你将认真考虑他的建议，并确实地付出努力换来进步。

想一想　你期待的到底是什么

假设某人来告诉你希望你可以做他的导师，你会很高兴，但是除此之外，你对你同意要帮助的那个人到底有怎样的期待？

如果你投入了你自己的时间、精力及名声来给他提供建议，可他却什么都没做，你会有何感想？

那么，现在再想想当你是被辅导者的时候，刚才这些问题你该如何应对？

做得更好

学习项目的终点线不是课程的最后一天，而是你能够学以致用、展现在工作实绩上。继续努力——实践、反思、寻求反馈，直到你实现更高水平的绩效目标，能够让你周围的人明显地看到你的进步。

想要证明行为改变是持续的，可能还要花上几周甚至几个月不等的时间。要记住，人们的觉察能力往往相较于你的实际变化是有所延迟的，所以你必须保持成果。你的学习项目只有在你能够有意识地胜任更高级别的绩效

时才会结束。

完成闭环

最后我们该完成这个闭环了。当你已经达到了更高级的技能和胜任能力时，和你的管理者再安排一次见面，把你的成果分享给他。告诉他对你的投资已经产生回报，并且你已经准备好踏上下一段旅程了。

表 2.14 支持来源

动手做

说明：在你的目标和工作职责范围内，检查一下对你个人而言最有价值的支持。

准备使用	来　源	我希望从这里获得的是……
□	我的管理者________	
□	一起上课的同学________	
□	我的同事________	
□	阅读材料________	
□	在线材料________	
□	课程材料________	
□	主题专家________	
□	课程讲师________	
□	我的下属________	

做好准备，再次出发

热烈祝贺！当你把实践应用新学到的技能和知识变成一种常态时，你就完成了这个回合的发展。不过，现在还不是躺在那儿休息的时候，就此打住未免为时过早，发展是不等人的过程。需求和期望又会不断提升，你的竞争者也在不停前进，你还必须继续学习、成长和适应。

> 比你的竞争对手更快速学习的能力可能是
> 唯一可持续的竞争优势。
> ——阿里 · 德赫斯

所以，你又再一次回到原点，进入了新的循环。填写表 2.15，安排一个面谈，讨论一下你在之前的这个循环中最重要的学习成就，你将如何进一步提升绩效，以及可能涉及的其他课程、阅读、自学、任务或导师辅导等。

有许多不同的路径可以通向终点，只要你清楚你的终点在哪里即可。可以从你的管理者那里得到更多信息，如果你表现出主动性，你的组织还会给你提供新的机会和资源。

> 所有的发展归根结底都是自我发展。
> ——彼得 · 德鲁克

表 2.15 完成闭环

动手做

说明：用这张表帮助你规划与管理者最终的面谈，完成本轮学习发展项目的“闭环”，并给未来做个计划。

你参加的项目：________________

日期：________________

你认为取得的最重要的成就和收益是：

____

____

____

具体的例证：

____

____

____

你觉得接下来你该做什么？（列出三件能让你比今天的自己变得更有价值的事——更快、更高效、可以完成得更好的事。最重要的是持续、扩展和深挖在这个闭环中发展的能力。）

1. ________________________________

2. ________________________________

3. ________________________________

与你的管理者达成一致，请教他的意见和建议来持续学习和改进绩效。

附录　表单填写样例（学习者版）

表 2.1 填写样例：改进的机会

动手做

说明：列出三件你可以做得更快、更好、更有效的事情，它们会让你比现在更有价值：

1. 更善于发现别人的长处，能够当面说些具体且正面的鼓励的话语。

2. 当我觉得同事没有很好地以团队合作的方式为公司创造价值时，能够给予他们及时的反馈。

3. 能够授权更多给他人，不再被完全可以交给别人的任务绊住手脚，不再不好意思让别人去做他们该做的事。

表 2.2 填写样例："对我有什么好处"表

动手做

样例 1

你的名字：程功

项目名称：市场影响力

项目时间：20××-12-11

	我的工作中最重要的交付物（成果）	我个人负责的最重要的工作成果	若要达成更好的结果，要学习或改进哪些知识和技能	学习与发展项目中涵盖的目标收益	我想从这个项目中获得的是……
我来填写	• 营收增长 • 持续盈利能力	• 有效的市场推广项目 • 品牌价值的接受度	• 有效提升市场细分与定位能力 • 更有效的项目管理	• 定位、细分目标客户 • 产品生命周期管理 • 供应商甄选	• 提升目标客户细分的能力，能够有针对性地组织相关活动以增加市场影响力
管理者的意见	□同意所写 □看我改的 □再讨论	□同意所写 □看我改的 □再讨论	□同意所写 □看我改的 □再讨论	□同意所写 □看我改的 □再讨论	□同意所写 □看我改的 □再讨论
评价					

动手做

样例 2

你的名字：程功

项目名称：客户满意度提升技巧

项目时间：20××-12-02

	我的工作中最重要的交付物（成果）	我个人负责的最重要的工作成果	若要达成更好的结果，要学习或改进哪些知识和技能	学习与发展项目中涵盖的目标收益	我想从这个项目中获得的是……
我来填写	• 客户满意度	• 及时和准确地回应客户的咨询，快速和恰当地处理客户抱怨投诉	• 更好地掌握冲突化解技巧 • 更有效地提升电话沟通能力	• 克服面临的挑战 • 积极聆听 • 处理棘手客户	• 改进快速化解冲突的能力，保证客户公平
管理者的意见	□同意所写 □看我改的 □再讨论	□同意所写 □看我改的 □再讨论	□同意所写 □看我改的 □再讨论	□同意所写 □看我改的 □再讨论	□同意所写 □看我改的 □再讨论
评价					

表 2.3 填写样例：学习合约

动手做

样例 1

学习者承诺

为了确保在零部件部门管理培训项目中能够最大化学习收益，我同意：

☑ 完成所有训前阅读和测评任务

☑ 全情投入，积极参与到课程中去

☑ 为将所学内容转化为实际应用制定清晰的目标

☑ 执行“将绩效改进进行到底”计划

☑ 汇报结果

☑ 与我的同事分享过程中的亮点和收获

☑ 其他：从别的供应商那里找到最佳实践

具体来说，在培训期间我会专注在库存管理上，以便日后可以改进盈利能力最大化和维修流程效率。

签名：程功

日期：20××年 7 月 23 日

动手做

样例 2

学习者承诺

为了确保在<u>新任管理者人管理培训</u>培训项目中能够最大化学习收益，我同意：

☑ 完成所有训前阅读和测评任务

☑ 全情投入，积极参与到课程中

☑ 为将所学内容转化为实际应用制定清晰的目标

☑ 执行“将绩效改进进行到底”计划

☑ 汇报结果

☑ 与我的同事分享过程中的亮点和收获

☑ 其他：________________

具体来说，在培训期间我会专注在<u>绩效管理与有效反馈</u>上，以便日后可以改进<u>我的团队绩效和达成团队成员对战略方向的共识。</u>

签名：<u>程功</u>

日期：<u>20××年 8 月 3 日</u>

表 2.4 填写样例：学习备忘录

动手做

张总：

感谢你今天能安排时间与我面谈讨论领导力培训项目事宜。

我们达成一致，为了改善我在领导力和团队建设领域中的绩效，我在培训中关注的重点是我共启愿景的能力。

你同意留给我充足的时间参加学习，并尽可能地避免干扰；还会给我实践所学的机会。你也同意给我做辅导，以帮助我从你的经验和专长中受益。

我们计划在 9 月 19 日下午 2:30 安排课后面谈，届时我将分享我的课后感想、课程亮点及从我所学中进行改进的具体目标。

谢谢你的支持！

程功

表 2.5 填写样例：准备工作计划表

动手做

说明：列出所有你被要求完成的训前准备任务。完成之后打钩或画掉，在评价栏里快速记录你的所思、所想和所得。

☑	截止日期	完成日期	任务描述	评　价
☑	8 月 15 日	8 月 12 日	确认提供 360 度反馈的人员并请他们参与	
☑	8 月 30 日	8 月 25 日	完成并提交自评表	又长又艰难，不确定自己对自己的打分是太严苛了还是太谦虚了
☑	9 月 15 日	9 月 10 日	完成阅读材料前三章	文章提及只有技术能力是不够的；要赢得信任就要做一个有效的顾问
☐	9 月 15 日		与管理者面谈并讨论课前任务及课程想要达到的目标	
☐	9 月 15 日		与一个关键客户访谈并了解对方对“可信赖的顾问”的定义	

表 2.6 填写样例："挑战自己"表

动手做

说明：阅读下面的描述，选择一些新的互动方法在培训中做尝试。之后，记录下你的观察（结果）及之后的计划（多尝试这样的方式或少尝试）。

类别	我通常的回应	我会尝试	结果	之后的计划
应对问题/团队报告	☐ 马上插话	☐ 有意识地鼓励他人来说		☐ 以后多做 ☐ 以后少做 ☐ 其他_____
	☑ 躲在后面让其他人回答	☑ 自己先回答	我的贡献和观点得到不少赞扬	☑ 以后多做 ☐ 以后少做 ☐ 其他_____
角色扮演和演示	☐ 马上自愿报名，享受领先一步	☐ 先停住，鼓励他人先上		☐ 以后多做 ☐ 以后少做 ☐ 其他_____
	☑ 不想被选中作演讲	☑ 自愿站起来上前演讲	真的很难，讨厌这样。我觉得大家还是乐于见到我这么做了，而我也可能多学了一些	☐ 以后多做 ☐ 以后少做 ☑ 其他_____ 有选择性地做，当我需要展现领导力时就这么做
团队工作和练习	☐ 马上跳出来成为小组领导	☐ 有意识地鼓励他人成为领导者		☐ 以后多做 ☐ 以后少做 ☐ 其他_____
	☑ 支持他人，但自己不做领导者	☑ 站出来承担起组长的职责	在好几个案例中自愿担任领导者，我发现对那些喜欢抢记号笔的人比较反感	☑ 以后多做 ☐ 以后少做 ☐ 其他_____

表 2.7 填写样例："人际交往"表

动手做

说　　明

1．尝试在培训现场新认识三个人。在休息、吃饭的时间与他们聊天，完成下面的表。

2．除了每个人的名字之外，要知道他的工作——不是指头衔，而是工作内容。然后找一些有意思的话题，如兴趣爱好，建立联系。

3．找找你们的共同点。比如，相似的工作经历、喜欢的食物、去过的地方、家庭背景，或者其他可以连接的共同点。

4．最后，想想潜在的业务联系。他可能会是一个很好的顾问，一个可以招聘的人，一个合作者或者其他角色的有价值的人。这种资源是宝贵的，关键并不在于你最终是否真的去寻找这些潜在的商业机会，而更在于训练自己寻找这些机会的能力。

姓名	他从事何种工作	关于此人的一些有意思的事	你们两人的共同点	潜在的业务联系
林斌	生产主管（负责六西格玛和全面质量管理）	喜欢独自去国外旅行，去年夏天骑摩托车去泰国旅行	我们都对外面的文化和人感兴趣	他非常了解流程控制和质量的各种问题，可以改进我们部门的流程

续表

姓名	他从事何种工作	关于此人的一些有意思的事	你们两人的共同点	潜在的业务联系
袁丽	销售与市场支持（规划所有的贸易展览会和各种会议等）	她是全国冠军木屐舞团的成员。她喜欢团队工作，并且好胜心强	我们都为不同的公司工作过，给我们带来很多不同的视角和观点	她给我们现在正陷入僵局的项目协调提供了帮助，她在这方面很有经验
齐盛	培训团队中的教学设计者	曾准备参加奥运会击剑项目，但因肩部受伤被迫停止	我们都喜欢猫	他是很好的演讲技巧教练，也很乐于辅导别人，也许可以帮助我的团队提升这项能力（或推荐别人）

表 2.8 填写样例：“对我有什么好处”重述表

动手做

说明：在每节课或每个主题完成的时候，花几分钟完成下列表格。

主题/章节	好主意 （那些我能用到的好主意）	未来的收益
情境领导	世界上没有适用所有情境的领导力 最有效的方式就是根据人的发展阶段进行调整，对有些人来说教练辅导的方式还不够，对有些人又太过了	这解释了为什么一些人想要我给予更多指导，而另一些人却想要更少一些。如果我可以调整适应我的风格，我的工作会更加有效
社交风格	人们在他们期望的人际关系上需求各不相同 要做一个高效的销售员，我需要了解人们的本质特征并改变我的风格	如果我能分辨人们的个性特征，并调整自己的风格适应他们，我的工作会更高效

表 2.9 填写样例：学以致用的目标

动手做

说明：如果你的培训项目中没有包括学以致用的目标，那就完成下面的这张表。挑选 1～3 条你想要应用的知识、技能，想一想为了达成目标你要从哪里开始，会遇到什么障碍和需要什么帮助。

目标 1

在未来的12周（月/周）里，我会改进处理异议的成功率（具体描述你想实现的目标）。

对我及我的组织来说，达成目标会得到的收益是：我能变得更高效，我们也有更大的机会达成我们的目标，当然我的奖金也会变多（解释你行为的价值）。

衡量取得进步或最终成功达成的证据包括：来自管理者的观察反馈，我的销售电话录音，还有最重要是我的成功率（确定指标和衡量方法）。

我回到工作岗位后立即会采取的行动是：

1. ________________

2. ________________

3. ________________

在的障碍，以及最大限度减少障碍的计划：

潜在的障碍	我的计划（消除或者减少障碍）
主要来自自己——别人提出异议时我有退缩的倾向	提前做好准备，设想可能的问题并做好应对

综上，为了达成目标我需要的支持是：

需要的支持	谁
来自管理者的反馈	我的销售管理者

按照以下标准检验你的目标设定：

☑ 我定义了不超过三条目标。

☑ 这些目标都需要我应用新学的知识、技能。

☑ 这些都与我目前的工作重点相关，我能把现有工作变成我的“练习场”。

☑ 目标都很具体，包括时间。

☑ 在现有时间条件下，这些目标不是太难实现，但也不是很简单。

表 2.10 填写样例：电梯演讲

动手做

说明：填写下面的四句话，时间允许的话和你的一个搭档一起准备一次电梯演讲。

1. 我所学到的最重要/冲击最大/最有洞察力/最有价值（选其一）的是：新任管理者人常见的问题就是不会授权。

2. 我会在今后应用到：重点改进我的授权能力。

3. 给组织带来的收益是：我会有更多的时间来应对战略性的工作，而非技术性的工作，同时能够让人们得到新的任务或者其他有趣的任务。

4. 为了达成目标我需要的协助是：定时地提醒我该改进这些问题。

表 2.11 填写样例：课后面谈

动手做

说明：尽快准备与管理者的课后面谈，修改一下你的“电梯演讲”就可以用了。

如您所知，我在1月15日至18日参加了项目管理学习项目。总的来说，我觉得这次培训经历很有价值，一是让我重新回顾了一些内容，二是带我学习了新的概念。

其中最有价值的是：如何对待没有完成自己工作承诺的项目成员，与我们先前讨论的相同（相同/不同）。

我准备学以致用的目标是：

1. 在未来的10周里，我打算运用所学，搞定现在的团队成员迈克，他总是错过时间节点，搞定他可以让项目回到正轨上来；对我的目标的考量就是要么让迈克变成一个合格的团队贡献者要么被替换。

2. ____________________

____

我觉得对部门带来的收益可能会是：提高生产力——可以同时操作的项目数量和规模都会提升，项目团队内部矛盾减少。

我觉得在达成目标的过程中遇到的最大挑战可能会是：与跨部门的同事取得合作。

所以，我希望能够获得支持：如果我的努力还不足以应对挑战的话，希望你能够在你的这个层级帮助我调节跨部门事务，谢谢！

您还有什么建议吗？

表 2.12 填写样例：第一步

动手做

说明：写下你最先要做的三件事，记录下完成的时间和你的经验。

☑	最重要的“第一步”	完成的时间	结果和经验总结
☑	1．感谢那些为我做了360度反馈的人，告诉他们我将继续努力，请他们给我提供前馈与建议	20××年1月9日	大家看起来都很真诚，看到我会跟进回访而感到惊喜。前馈很好用，这是他们提出对我期望的好时机，我也收到了很多自己从未想到的好建议
☑	2．回顾所学内容、目标，并和管理者面谈做计划	20××年5月9日	这次讨论很有价值。马里恩同意我制定的目标，并给了我额外的一些绩效改善的建议：很明显，看来我的一些管理问题大家都知道，唯独我自己当局者迷
☐	3．把我每天早上的第一件事从检查邮件变成列出当天的关键任务，这样就不会被那些邮件耽搁了，坚持三周		

表 2.13 填写样例：学习进展图

动手做

说明：每隔一周，请使用本表列出为了达成拟实现的目标所做的努力。把这个表放在你办公桌的显眼位置。

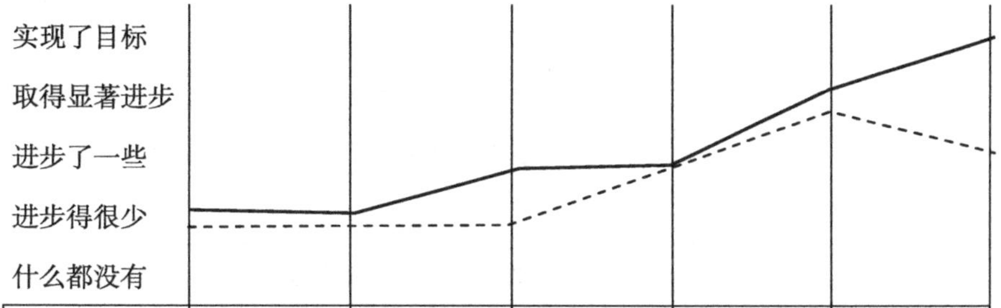

记录：	我见过了管理者，他认可了行动计划，向给予反馈的人表示了感谢	尝试了一些新方法，还不错，但还是需要再多练习	继续尝试，现在变得比以前轻松了不少，大家也注意到了	今天有重大进展，面谈非常好，我确实能感觉到自己进步了	目标 1 已经达成，但是目标 2 被一些其他重要事情耽搁，要继续努力
周数：	0	2	4	6	8	10

——目标 1　　------目标 2

表 2.14 填写样例：支持来源

动手做

说明：在你的目标和工作职责范围内，检查一下对你个人而言最有价值的支持。

准备使用	来　　源	我希望从这里获得的是……
☑	我的管理者________	更好的决策制定建议，比如，如何权衡多种选项，如何避免因分析过度而陷入僵局；我会向他请教我最近一次决策制定的方法，并当作一种学习
☑	一起上课的同学 史蒂芬	史蒂芬是我们小组里制定决策思路最清晰的人，他有丰富的经验。我们同意保持联系，当我难以决策时，我会请他尝试给我公正的建议
☐	我的同事________	
☑	阅读材料 *Getting to Yes*	我想多了解一些有关“原则性谈判”的知识
☐	在线材料________	
☑	课程材料 决策与 RACI 模型	重新回顾 RACI 模型，用这个模型来决定谁会参与进来、谁只需要被抄送邮件即可
☐	主题专家________	
☐	课程讲师________	
☑	我的下属________	我希望通过如何决策的“行动后回顾”教会我的下属，同时与他们共同学习

表 2.15 填写样例：完成闭环

动手做

说明：用这张表帮助你规划与管理者最终的面谈，完成本轮学习发展项目的“闭环”，并给未来做个计划。

你参加的项目：零件和服务部门管理

日期：1 月 5 日至 9 日

你认为取得的最重要的成就和收益是：

虽然最终结果还没完成，但我们还是看到了零部件销售的增长，同时增加了客户满意度。我们在接下来的几个月还会追踪这个效果。

具体的例证：

零部件销售额从我参加完培训后，两个月内上升了 13%（参看销售报告），同时月度客户 NPS 与去年同期相比上升了 8%，比月平均上升了 10%。

你觉得接下来你该做什么？（列出三件能让你比今天的自己变得更有价值的事——更快、更高效、可以完成得更好的事。最重要的是持续、扩展和深挖在这个闭环中发展的能力。）

1. 继续深入理解生产力和满意度的驱动因素。
2. 增加个人对成本控制和边际管理的理解。
3. 改进我给下属反馈的能力。

与你的管理者达成一致，请教他的意见和建议来继续学习和改进绩效。

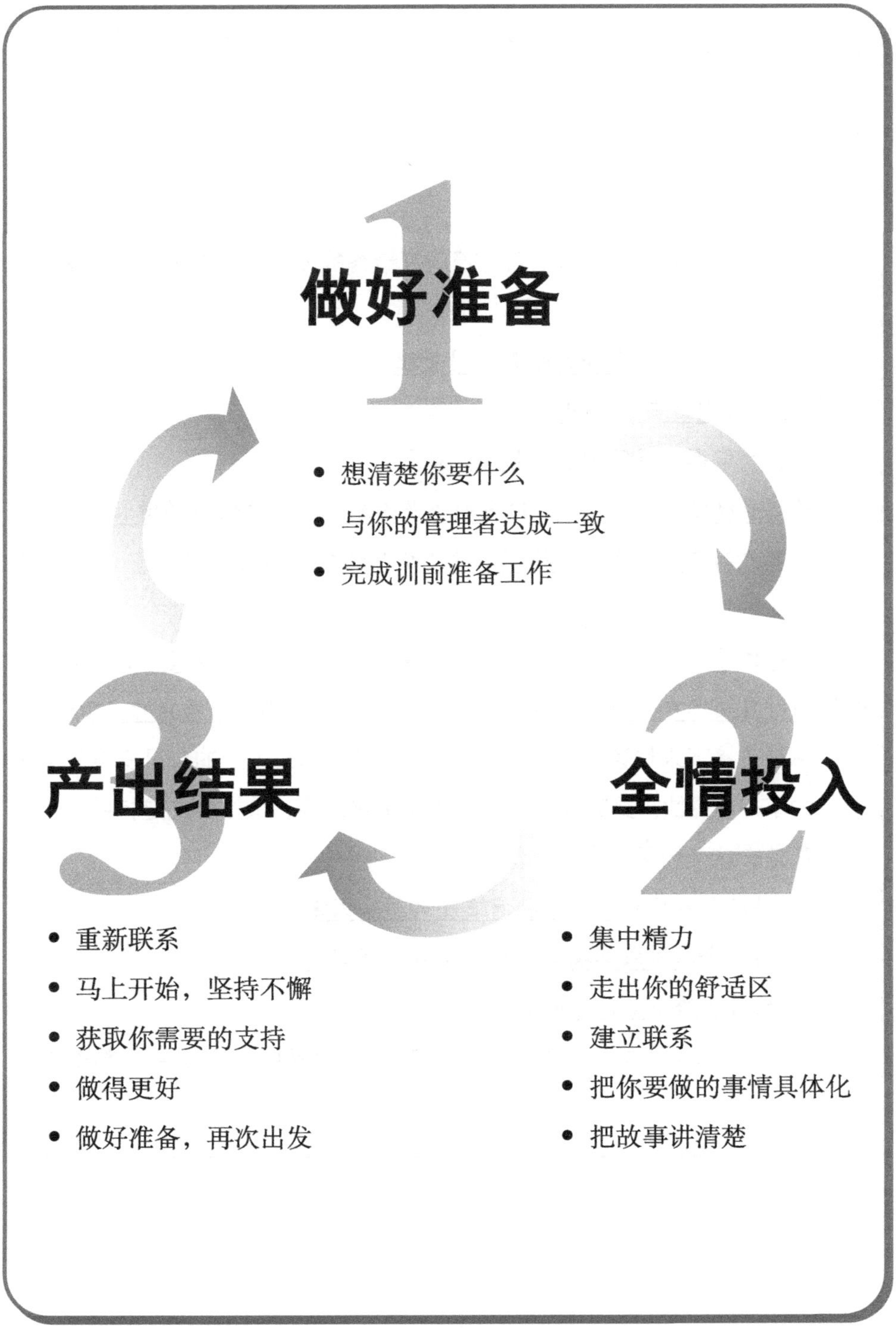

1 做好准备
• 想清楚你要什么
• 与你的管理者达成一致
• 完成训前准备工作
2 全情投入
• 集中精力
• 走出你的舒适区
• 建立联系
• 把你要做的事情具体化
• 把故事讲清楚
3 产出结果
• 重新联系
• 马上开始，坚持不懈
• 获取你需要的支持
• 做得更好
• 做好准备，再次出发